恐怖箱

呪禁百物語

加藤 一
編著

神沼三平太
ねこや堂
高野真
共著

竹書房
怪談
文庫

※本書に登場する人物名は、様々な事情を考慮してすべて仮名にしてあります。また、作中に登場する体験者の記憶と体験当時の世相を鑑み、極力当時の様相を再現するよう心がけています。現代においては若干耳慣れない言葉・表記が登場する場合がありますが、これらは差別・侮蔑を意図する考えに基づくものではありません。

巻頭言

箱詰め職人からのご挨拶

加藤 一

本書、『恐怖箱 呪禁《じゅごん》百物語』は、百話の実話怪談を集めた選集である。

実話怪談は、その全てに体験者が実在する。彼等の体験を聞き取り、当時の様相を再現するのが実話怪談の要諦《ようてい》であるのだが、何をどう叙述《じょじゅつ》すれば話の核心が疎漏《そろう》なく伝わるのかについて、実話怪談作家は日々研鑽《けんさん》を重ね様々な技法でそれに挑み続けている。実話怪談の語り方というものには、明確なルールというものはない。強いて言えば、「体験者が実在する（した）」ということくらいで、それをどのように語るか、述べるか、論じるかについては、これと言って決められた作法はない。報告書のように淡々と書いてもいいし、体験者視点の一人称でもいい。再現ドラマのように、一編の叙事詩やオペラの一節であるかのように朗々と語られるものがあってもいい。実のところ、百物語という形式はそうした様々な「実話怪談の語り方」を試行錯誤するのに最も向いている。

本書で語られる百の実話怪談は、王道あり、変化球あり、従来のスタイルへの挑戦となるものあり、とバリエーション豊か。これまでにない新奇なるものが、あなたの琴線《きんせん》に触れ、新しい扉を開くこともあるかもしれない。お試しあれ。

目次

■……加藤 一
◆……神沼三平太
▲……高野 真
●……ねこや堂

8

予告

「今から人が死にますよ」

女の声である。耳元でそんな言葉が囁かれて十も数えないうちに、対面のホームで通過列車が人身事故を起こした。

勘がいい人

世の中には勘のいい人、というのがいる。

彼女が正にそれで、多賀さんの勘は月に一度冴え渡る。

「そこの角、左に曲がると猫がいる」

猫がいた。

鉢割れの斑猫《ブチねこ》だった。

「その自販機、当たるよ」

当たった。

スポーツドリンクがもう一本。

「CMの前に速報が出るよ」

速報のテロップが出た。

芸能人の逮捕か何かを知らせる、割とどうでもいいニュース。

勘がいいというか、一種の予知能力なのではあるまいか、とも思った。

当人曰く、

「こんなの役に立たないよ。直前にしか分からないし、分かることは大体どうでもいいようなことばかりだしね」

なお、この能力には若干の制限がある。

一カ月のうち冴え渡る勘は一週間程度だけ続き、その後はパタリと止む。

どうも月のものと連動しているらしい。

幽霊の類は見えないそうだ。

駅舎

「どう？　駅の警備してみない？」

そう上司から軽い口調で誘われて、中村さんは渋い顔を見せた。警備会社に勤める彼らにとって駅の警備というのは、終電が終わった後の車両が停車する車両基地や駅舎を警備することを意味している。

「それって試験受けなきゃいけないんでしょう？　嫌ですよ」

「他にも何人か一緒に試験受けることになるからさ」

話を聞くと、上司としては、最低でも三名は固定で欲しいらしい。

警備の試験は、筆記と実技とがある。一度試験に落ちたことのある中村さんは嫌で仕方がなかった。しかし、特別ボーナスという名前のビール一箱で承諾してしまった。

——我ながら意志の弱いこと弱いこと。

中村さんは自嘲した。意志が弱いのか酒に弱いのか上司に弱いのかは分からないが、とにかく承諾してしまったのだからと、普段の仕事に追加して勉強をし、嫌いを押して試験会場へと赴いた。

同じ職場から三人試験を受けに行って、結局受かったのは一人だった。残念ながら中村さんは合格できなかった。それと同時に上司の計画は頓挫することとなった。

中村さんは、試験に落ちたことは悔しかったが、そこの駅舎の警備をせずに済んだのは良かったと考えていた。理由は試験のときに知り合った警備員達から聞きつけた噂である。

彼が試験の間に仲良くなったのは、近隣の警備会社の社員達だった。

やはりその駅舎の警備をするために資格を取れと送り込まれたらしい。

「中村さんもかぁ。じゃあ、噂も聞いてるんだね」

そう言われて首を傾《かし》げると、笑って背中を叩かれた。

「信じてなきゃ平気平気！」

一体何の話かと詳しく訊くと、その駅舎には幽霊が出るのだと、若宮さんという警備員の体験を教えてくれた。


駅舎警備員の若宮さんは、深夜終電が終わった後で、懐中電灯を片手に駅舎の中を巡回するのが仕事だ。始発までの間、相棒と交代でぐるりと敷地を歩いて回る。最近も車両基地に忍び込まれ、車両の側面にスプレー缶で落書きされたという案件も起きている。落書きも立派な器物損壊だ。

ただ、電車が何両も停まっている広い敷地を歩いていると、時折自分で照らした懐中電灯の光ですら人影に見え、そのたびに脅えてしまう。

その夜、何回目かの巡回の際に、電車の陰に白いものがぼうっと浮かんで見えた。

薄汚れているが、作業員かと思った。

「遅くまでお疲れ様です」

この一言を掛けると、本物の作業員なら挨拶を返してくれるし、泥棒や悪戯に入ろうとした者は怯む。だから人を見かけたら、まずそうやって声を掛けることにしている。

「大丈夫ですか、真っ暗ですよここら辺。電灯切れちゃいましたか？」

一人でやる仕事である警備員だが、そのタイプには二通りある。

一人が寂しいので、誰かに話しかけたくて仕方ない人。

誰とも関わりあいになりたくないので、ただ黙々と警備をする人。

若宮さんは前者だ。できるなら、誰かと話をしたくて仕方がない。しかも今は不審人物と対峙しているのだ。怖くて仕方ない。それゆえ饒舌《じょうぜつ》になる。

「探してるんです」

「忘れ物ですか？」

問いかけにボソボソと何か答えた気もしたが、若宮さんの耳には届かなかった。

「大丈夫ですか？」

中腰でしゃがんでいる男の元へ恐る恐る近付いていくと、男が俯《うつむ》いて言った。

「頭、落としちゃって」

ごろん。

男の頭部が外れ、車両の下へと転がっていった。男もそれを追いかける。

若宮さんの頭の中は真っ白になった。

「き、気を付けて下さいね――」

男の潜り込んだ車両の横をゆっくりと歩き、通り過ぎた直後から全力疾走である。

「見ちゃったよ、見ちゃった！」

詰め所に戻って大声で報告しても、相方の同僚は「へー」としか返事をしない。

「驚かないのかよ。幽霊だぞ！」

「ここさ、死んだ奴いねーんだって」

「え？」

「いたとしても、大昔。俺も幽霊なんて見ないから気になんねーし。運が悪かったな」

相棒はそう言って、相手にしてくれなかった。

「あそこって他にも出るらしいんだけど、死人が出てたって話はないんだよな。でも色々見て辞めちゃう奴が多くて、俺達まで駆り出されてるんだよ」

「信じてなきゃ平気だって。それよりも試験のほうが大事だろ?」

皆が口々に言うが、中村さんは、同じ鉄道マンであった父親から、そこで整備中に命を落とした人がいたことを聞かされている。それだけではない。戦時中にも酷い話があったという。

「わざと落ちた訳じゃないんですよ。それだけはまぁ、プライドみたいなものもありますから。でも、あそこの警備だけは遠慮したくてね。風の噂っていうのかな。人の口に戸は立てられないとか言うじゃないですか。流れてくるんですよ。そういう話は——」

現在、中村さんは、上司から資格試験を受けないかという何度目かの相談を持ちかけられている。

帰省

終電まで後一本という時間帯だった。

ローカル線に乗り換え、幹子さんが実家に帰省しようとしていたときのことだ。

少しずつ車内から乗客が減っていき、とうとう自分一人になった。

車窓のガラスに映る自分の姿。その横に映る冴えないおじさんの顔。

——顔？

ちらりと横を確認しても、勿論《もちろん》誰もいない。

おじさんの顔のステッカーでも窓に貼ってあるのだろう。

それをわざわざ確認する必要も感じない。下車するときに振り返ればいいだけの話だからだ。

列車はカタンカタンと音を立てて進んでいく。

「よいしょ」

すぐ横で、男性の声がした。

気のせいだろうと思ったが、余りにもリアルな声だったので、彼女はそちらを振り向いた。

窓から男性の、腰から下が生えていた。

何事だ。

すると、下半身に続けて上半身も窓から生えてきた。

最後に頭部。

先ほど窓に映っていたおじさんが、今まで自分の座っていた席の隣に座っている。

動転していると、そのおじさんが問いかけてきた。

「次で降りる？」

あまりのことに、どう答えていいか分からない。ただ、自分が降りる駅はまだまだ先だ。

なので無言で首を振った。

「あっそ」

その答えに被るようにして、車内アナウンスが次の駅への到着を告げた。

　おじさんは手ぶらでその駅へと降りていった。

千里浜なぎさドライブウェイ

俊一さんが仲のいい友人達と一緒に金沢へと旅行に出かけたときの話。

夜中にホテルの近くの海岸まで、友人達と散歩に出かけた。

砂浜に腰掛けてみんなで雑談をしていると、少し離れた所に男の人が佇《たたず》んでいる。

最初は気にも留めなかったがよく見ると奇妙な点がある。男性は八月だというのに厚手のコートを着て、海のほうをジッと見つめている。

違和感を覚えたが、自分以外は誰も男性の存在を気に留めていない。

暫《しばら》くしてもう一度男性のほうを見ると、彼は沖に向かってずんずんと入っていく。

――しまった。自殺志願者だったか。

思わず隣の友人に声を掛けようとしたそのとき、首の辺りまで海に浸かっていたその人が、不意に浮かび上がり、ついには海面に立った。

だが、俊一さんが「あっ」と声を上げたときにはもう消えてしまっていた。

今の声は何だったのかと友達に揶揄《からか》われたが、信じてもらえなさそうなので、笑って誤魔化すことしかできなかった。

かれいな女《ひと》

もしかして、母さんじゃないのかな。微かな不安が過ぎった。
ぱきん。ぱきん。部屋のすぐ近くまで、音が近付いている。

最初は、また母さんが小言を言いに来たと思っていたのだ。
いつものように、早く支度しろ、急がないと遅刻するぞ、と。
大急ぎで鞄に教科書を詰める藍屋さんの耳に、届いた物音。
今思えば、何故それを足音だと思ったのだろう。
ぱきん、ぱきん。ＣＤケースを踏むような音が、廊下をこちらへ近付いてくる。
スリッパがフローリングの床を叩く、いつものあのパタパタとかしましい音ではない。
一歩一歩、足元を確かめるかのように。あるいは、忍び足のように。
「何？　何か、用？　もう学校行くし忙しいんだけど」
構う余裕などない藍屋さんが、部屋の入り口に背を向けたまま問うた。
けれども、空気はしんと静まり返っていて、何の返事もない。

こちらが一を言えば十倍にして返してくる母さんが、何も言わないなんて。

ぱきん。部屋の真ん前で、足音が止まった。

そこに立っているのは、誰なのか。妙な胸騒ぎがする。

このままでは学校に行けやしない。けれども、正体を確かめるのは、怖い。

悩んで悩んで、悩んでから、意を決して振り返る。

——開けっ放しにした扉の脇から、女が、半身をこちらへ覗かせている。

黄ばんだ白いワンピースと、胸元まで届きそうな長い黒髪。

ひゅっ。飲み込んだ息が、微かな音を立てた。

この女、まるで紙に描いたお面のように、顔が真っ平らじゃないか。

目、鼻、口は一応揃っているが、何処にも影がない。つるんと平面なのだ。

おまけに。ここから見えているのは、女の左半身だ。左脚、左手、左肩。口も鼻も半分だけが見えている。

では何故、目だけ二つとも見えているのか。まるで鰈《かれい》のように、顔の片側に寄っているのは一体どういうことなのか。

て言うか。……あなた、誰？　股間を少しだけ生温かくしながら、藍屋さんは思った。

自首

「子供の頃住んでいた部屋は、色々とおかしなことが起きたんですが、泥棒が入ったときに、その人、お化けを見て自首したんですよ」

祥子さんはそう言うと、「よくあることですよね？」と訊ねてきた。

それをやんわりと否定して、一体どういうことか訊ねると、家族四人で布団を敷いて寝ていたところに、ベランダから泥棒が入り込んだのだという。

ただ、それには誰も気付いていていない。

一方で泥棒が自首した際に説明した話によると、四人が寝ている部屋に忍び込もうとしたところで、部屋の真ん中に包丁を構えた全身白ずくめの女が立っていたというのだ。

それを見た泥棒は、殺されるという恐怖感に襲われ、家から数百メートル離れた派出所まで走っていって自首したらしい。

その後やってきた警察から説明を受けた際に、何度も包丁で撃退しようとしたりはしていませんかと母親はしつこく質問されていた。

通い婚

仙台は国分町でクラブのママを務める、しょうこさんの話である。

――私、一人暮らししてるんだけど。場所は秘密だけど、店から歩いて帰れるとこで。ワンルームマンションにこんな感じで（おしぼりやコースターで部屋の模式図を作りつつ）シングルベッドを置いて、こっち側の窓のほうに頭を向けて寝てるの。

予兆、があるのよ。風が吹くの。

窓も扉も閉め切ってるのに、部屋の中をごうごうと渦巻くように。

風に合わせて、ベッドもガタガタガタガタ揺れて。まるで枯れ葉がつむじ風に持ち上げられて舞うみたいに。

それが収まったら、いよいよやってくるの。

足元のほう、部屋の入り口から入ってくるのよ。

部屋の四隅を辿るようにして、ゆっくりベッドへ近付いてくるの。

部屋に入った最初のうちは、気配だけ。隅を曲がるにつれて、段々とシルエットが見えてきて。初めはただの黒い塊みたいななりなのに、ちゃんと人間の形になるのよ。不思議なことにね。いつも「それ」ってことを忘れてるの。

何これ、何か入ってきた、うわ近付いてくる、って。

ベッドの脇まで来て初めて「いつものあいつだ」って思い出すの。

何がうちに来るか？　そんなの分かんないけど。

でもね。うちに出始めた頃は、枕元に立って私をぐうっと見下ろすだけだったのよ。

それがいつからかベッドに腰掛けるようになって。マットレスがずんって沈み込むの。

最近はね。怖いから、横向いて寝たフリしてるんだけど。壁のほう向いて。

そうすると、マットレスが沈んで。背中を冷たい風が撫でるの。布団をめくりあげて、入ってくるのよ。それで背中にぴったりくっついて。身体を寄せて。首越しに私の寝顔をじいっと覗き込んでるのが分かるの。

あの重さとか、くっついた身体の固さというか、肉の質感。男なのよ。間違いなく。

二週間に一回、必ず来るよ。来るようになって、もう三年ぐらいになるかな。

その正体に心当たりはないし、探るつもりもないらしい。

ちなみに、引っ越すつもりもないという。

24

藤の間

芝坂君の通っていた学校では、毎年中学三年生の夏休みに、高校受験向けの学力強化合宿というものが開催されていた。全員参加で先生も主要科目の先生は全員揃っている。

各人合宿前には苦手科目の克服や、平均得点何点アップといった、自分を鼓舞するスローガンを提出しなくてはならない。

「まぁ、ありがたいんですけど、塾の夏期講習と重なっちゃったりして、少し迷惑がってる人もいましたね」


合宿当日。合宿先の旅館へ移動するバスの車内で、部活の先輩が以前の合宿中に奇妙な経験をしたと言っていたのを思い出した。

「藤の間って部屋で、幽霊見たって話を先輩から聞いたんだけど、知ってる奴いる?」

受験勉強をしなくてはいけないのは分かっているが、合宿という非日常でクラスメイトと過ごすのも楽しみなのだ。

「藤の間の話、俺も聞いたよ」

清水という生徒が話に乗ってきた。清水の話は、彼のお兄さんの世代が体験したもので、夜中に寒気がして目が覚めたら、恨めしそうな表情を浮かべた女が枕元に立っていたというものだった。

話を聞いた者達は、怖い怖いと笑っていたが、清水が追い打ちを掛けた。

「その幽霊見ちゃった人、高校受験失敗したらしいんだよ」

その言葉に一行は戦慄《せんりつ》した。

暫くしてバスは宿に着いた。芝坂君を含む八人の班は、藤の間だと告げられた。

最悪だ。だが、到着直後から夕飯まで、数学と英語の授業が行われたので、怖がっている暇はなかった。

「本当に幽霊出るのかよ」

夜、布団に転がって、芝坂君はぼやいた。清水の言葉が気に懸かる。

「お前が変なこと言うからだろ」

ぐうの音も出ない。

早く寝ようぜと言い合っても、なかなか寝付けない。

そのうち、押し入れがカタカタと音を立て始めた。

「何この音」

蛍光灯を点けると、押し入れの襖が二センチほど開いて、その隙間から指の先っぽが三本出ていた。

「開けさせるな！」

部屋の一同が大声を上げる。

指が引っ込んだ。

「閉めさせるな！」

向こう側からは音がしない。

「開けるぞ開けるぞ！」

襖を全員監視の上で思い切り開けたところ、中は布団でぎっちり埋まっていた。

結局藤の間に泊まった者で、夜中に幽霊を見た者はいなかった。

高校受験も全員が合格したという。

銀座四丁目交差点近く

何年か前のこと、あゆみさんはCDショップのイベントに参加するために、友人達と銀座に足を運んだ。まだ時間があったので、コーヒーショップに入った。

記憶によれば銀座四丁目交差点の近くで、地下に下りていく造りだった。

ただ、思い返せば、コーヒーショップではなくて、ファストフードだったかもしれない。

会計を済ませて商品片手に席を探すと、すぐ近くにある隅の広い席を、派手な服を着た女性が、一人で占有しているのが目に付いた。

続けてやってきた友人に、何処の席にしようかと声を掛けられた。

「近くは全滅だね」

「どうして？　その隅のところ、広くていいよ。誰もいないじゃん」

友人の言葉に、もう一度女性のほうを見ると、確かに誰もいない。

女性が店外に移動するためには、二人の目の前を通るしかない。荷物だってある。派手な服装で、立ち上がれば目に付く。だが、誰も通らなかった。視線を外したのは一瞬だ。

さすがにその席には座りたくなかったので、奥のテーブル席まで移動した。

その体験から数年経った。

ある夜、あゆみさんは、友人夫婦の経営するお店に遊びに行った。

そのとき、何の流れからか怪異を見るのは昼か夜か、という話になった。

あゆみさんはどちらでも見たことがあると答えた。

すると奥様である由美子さんが、〈十年以上前、昼間に見た〉と話し始めた。

銀座のあるお店に行ったとき、友達が注文をしている間に由美子さんは二階フロアに上がって、空いている席を探した。

辺りを見渡すと、端のほうに派手な服装をした女性がいる。

他の席を探して店内を見渡し、再び先ほどの席を見たがもう誰もいなかった。

場所は銀座四丁目の交差点近く。地下に下りると座席があるファストフードか何かのお店ということだった。

ふと気になって色々話してみると、やはりあのときに寄ったのと同じ店だった。

女性についての二人の印象も一致した。

それは〈余り見てはいけない気がする〉というものだった。

ウォーキング

光吉さんが夜、ウォーキングをするときには、片耳にイヤホンをしてラジオを聴きながら歩いている。いつも一人だ。そんな時間に歩いているのは他に誰もいない。

廃ラブホテルの横を過ぎ、農道に入って暫く行くと、高速道路を跨《また》ぐ橋に出る。

そこはやけに気持ちが悪い。

何でそこをコースにしていたのかは、もう覚えていない。単にぐるっと回って帰るのに都合の良い距離だったからだと思う。

その夜も、いつも通りそのコースを歩いていると、前から来る人に、こんにちはと声を掛けられた。

夜なのにこんにちはってのは何だ。少し気になったので振り返った。

すると、突然背後から手首を掴まれた。見れば手が自分の両手首を掴んでいる。羽交い締めにでもされているように、身体の自由が奪われた。

よろよろと欄干に向かって引きずられていく。下は高速道路だ。車が猛スピードで駆け抜けていくのが見えた。

恐怖で叫び声を上げると、耳元で声がした。

「ここから落ちると気持ちいいですよ」

身体を低くして引っ張る力に抵抗する。下手なことをすると、本当に落とされてしまう。

「ここから落ちると――」

「うるせえ！」


その後、どうやって家まで戻ったか覚えていない。

こんなことがあっても、光吉さんは今でも変わらずそのコースを通っている。

指差す人

ある高校を卒業した大毅君という若い友人から聞いた話である。

その高校の建っている土地は、高校になる前には刑務所の土地だったらしい。

さらに、正門から入ったすぐの庭には、何人もの死者が埋まっているという噂があった。

噂を聞かせてくれたのは部活の先輩達だったが、母校に教員として戻ってきた先生の中にも同じようなことを言う者がいた。


「よう大毅、何見てんだ」

朝、校門から入ったところで友人の門脇から肩を叩かれた。

「ああ、いや、何でもない」

曖昧な答えを返す。言ったところで信じてもらえないからだ。

灰色の半透明の老人が、項垂《うなだ》れながら地面を指差している。

生徒達はその半透明の老人がその場にいないかのように通過していく。まるで陽炎《かげろう》のように実体を持たない老人は、灰色の刑務服を身に着けているところまで見て取れる。

だが、それを言ったところで、門脇には見えないだろう。

二人の横を笑い合いながら生徒達が教室に向かっていく。

「そっか」

門脇が言った。

「今日はジジイだな」

その答えに驚いた顔をしていると、毎日誰も気にしてないはずの〈指差す人〉をジッと見てから教室に行く奴なんて、お前以外にいないよと笑われた。

確かに指差す人は日によって違う。あるときは年寄り、あるときは青年。今まで同じ人物がいた試しがない。

噂では殺された人が埋められたのを無念に思い、掘り出してほしくて指差しているのだとのことだった。

だが、毎日違うということは、そんなに殺されていたということだろうか。

そこは分からない。

大殺君による〈指差す人〉の観察は卒業まで続いたが、それ以降は一度も母校を訪れたことがないので、今でも男達が指差しているかは分からない。

門脇とも卒業以来連絡を取っていないので、彼も同様かどうかまでは知らないという。

白菊の花束

——ただでさえこの時間のB通りは混むというのに。

ユナさんはタクシーの後部座席で何度目かの舌打ちをした。

車列は先刻からちっとも進んでいない。運転手の頭越しに様子を窺《うかが》うと、延々と続く車列の先で赤色回転灯が幾つもちらついている。事故でもあったのだろう。

そうしている間にも微かな残照は消え、夜が街に満ちてくる。

追い越しざまに見えたのは居並ぶパトカーと救急車、その脇のアスファルトに倒れている人間の身体が二体。真っ白い頭に、揃いの茶色いチョッキの男女。夫婦のようであった。

何があったのかは知らないが、迷惑なことだ、と思った。

このままではヘアメイクに間に合わない。出勤するのが遅くなる。遅刻したら罰金だ。

もうここで降りますと運転手に告げて、すっかり暗くなった歩道をヒールで走った。

翌日。今日は彼が迎えに来ると言うから、コンビニで車を待つことにした。

会計を締めてバイトの女の子を帰してからだから、深夜三時近かっただろう。

店に入るや、雑誌コーナーへ向かう。天井と床を結ぶ大きな窓ガラスに、疲れた自分の顔が映っている。その向こうには、客待ちタクシーもまばらになったB通りである。

そういえば、昨日見た事故はこの辺りではなかったか。

何げなく外を見渡したユナさんの視点が一か所で固まった。

通りの反対側、街路灯にうっすらと照らされて老人が二人立っている。真っ白い頭に、揃いの茶色いチョッキの男女。夫婦のようである。

歩道に向かい合って立ち、腰が悪いのか二人とも前かがみになって、

——いや、違う。花を見ているのだ。縁石に添わせるように供えられた白菊の花束は、昨日まではなかったはずだ。二つ並べられたその花束を、ジッと一心に見つめている。

その様子に昨日路上に倒れていた老夫婦の姿を思い出したユナさんは、彼に「早く迎えに来て」とメッセージを送ろうとして、そして酔っ払いと思しき自転車が二人の身体をすり抜けて走っていくのを目の当たりにしたのだった。

仙台市での出来事である。

ぐるぐる女

俊一さんの住まいは、名古屋市にある十階建てマンションの六階にある。

そのマンションの前に七階建ての病院がある。半地下の駐車場がある関係で、六階の彼の部屋からは、病院の屋上が目線の高さに見えるという。

ある夏の夜、もうそろそろ日付が変わろうという時間だった。

俊一さんはそろそろ寝ようかと思いながら、ベランダでタバコを吹かしていた。

ぼうっとしていたが、ふと目の前にある病院の屋上が気になった。

よく見ると暗い中に誰かが立っている。

どうも髪の長い女性で、病院の診察着のようなものを身に着けている。それで屋上の端から端をずっと早足で行ったり来たりしている。

患者だとしても、普通、屋上には出られないだろう。

そうなると何者だろうか。そもそもこんな時間に何をしているのだ。

元々特に興味があった訳ではないが、そんな不思議なことがあるだろうかと、タバコを吸い終わっても、そのままぼんやり眺めていた。すると何だか嫌な予感が沸き立った。

これはまずいかもしれない。

部屋の中に入りカーテンを閉めてベッドに潜り込んだ。

だが、寝付けない。早く寝なくてはと思うほどに目が冴えていく。

「あぁあ〜〜ああぁ〜〜」

女が喉から搾り出すような声で、何事かを叫んでいる。

——さっきの女だ。

方向は病院の屋上だ。間違いない。だがまだ嫌な予感は収まらない。俊一さんはカーテンをそっと開けて病院のほうを確認した。

幸いなことに、忙しなく歩き続ける女の影はなかった。

気が済んだのだろうと。もう一度ベッドに横になって目を瞑った。

今度は自分の部屋の中から声が聞こえてきた。俊一さんは恐怖と驚きで飛び上がった。

恐る恐る目を開けると、病院の屋上に立っていたはずの女がベッドの脇を歩き回っている。女は時折奇怪な叫び声を上げる。

俊一さんは、何度も脳内で謝りながら布団を頭まで被って震えていたが、いつの間にか女は消えた。

彼はもうベランダでタバコは吸わないようにしている。

リモートワーク　その1

ある夜、オンラインの友人である卜部《うらべ》さんから報告を受けた。性別も年齢も不詳だが、卜部さんは時々怪異体験談を教えてくれる。

その夜も、ちょっと不思議な話があるんだけどと前置きして、卜部さんは話し始めた。

「去年から新型コロナで、弊社もリモートワークの機会が度々あるんですけどね」

そのときに同僚の後ろに、奇妙なものが毎回のように映り込むのだという。

最初は何かのポスターでも貼ってあるのかと思った。大判のポスターなら、そのくらいの大きさはあるだろうと考えたからだ。しかし、それが左右にちょこまかと動く。

着ぐるみのようなものかと考えた時点で、それはおかしいだろうと思うようになった。

「バリ島の牙を剥き出しにした神様？　っているじゃないですか。緑色のあれなんです」

サイズは縦横二メートル近くはある巨大なものだという。

その場で画像検索をして、それは「バロン」という名前の聖獣で、別名を「バナスパティ・ラージャ（森の王）」というらしいということまで分かった。それが、同僚の部屋にいて、画面の後ろでちょこまか動いている――。

そんな怪談には心当たりがないので、もう少し情報が欲しいと伝えると、卜部さん自身もやる気が出たのか、ちょっと色々聞いてきますと言い残して、その夜はそれで終わった。

「少し分かりました」

次に卜部さんから連絡があったのは、一週間後だった。どうやら同僚に取材をしてくれたらしい。

結果、同僚はバリ島に行ったことがあり、確かに緑色のバロンの仮面をお土産に買ってきている。そこまでが明らかになった。

「で、何で後ろに出るかは分かったんですか？」

「さぁ？」

怪異とはそういうものなのかもしれない。

話によれば、バロンはどうやら昨日の午前中も盛大に出ていたらしい。ただ、卜部さんだけに見えているので、その話題は同僚達には秘密だという。

リモートワーク　その2

リモートワーク全盛期、桂さんは困り果てていた。自分の書斎を映す画面に、女が映り込むらしいのだ。しかし彼自身にその女は見えない。

奥さんは女がいることを知っているのだが、自分にだけは見えないのだ。

会社に出勤すれば、色々な人から「初めて幽霊見たよ」「あれ仕込み？」などと声を掛けられる。何よりも自宅に帰ることが怖い。

「家に幽霊がいるなんて嫌だよ」

「今まで気付かなかったんだから大丈夫ですよ」

そう慰められても、苦手なものは苦手なのだ。

こうなったら引っ越し資金を稼ごうと、進んで残業をするようになっていた。

家だと小さな物音にすら脅かされる。心が休まらない。その点、会社は物音に飛び上がるようなことはない。工場内の事務所で、騒音が当たり前だからだ。

だが、その日は作業員も皆先に帰ってしまった。桂さんは一人取り残されるような形になったが、自動で動いている機械の騒音が響いているので気持ちは楽だった。

家に比べれば天国だ。

事務作業を続けていた桂さんは、視界の端を何かが通り過ぎたように感じて顔を上げた。

事務所はガラス窓で囲われていて、工場内がよく見えるようになっている。

誰もいないはずの工場に、見慣れぬ作業員が立っているのが見える。

その作業員は、腹を押さえて苦しげにしていた。

もしかして体調が悪くて休んでいて、帰るのが遅れた人だろうか。

桂さんが事務所から見ていると、作業員はその場に座り込んでしまった。

「大丈夫ですか！」

ドアを開けて事務所を出たが、誰もいない。

——何でいないんだ。

そう思った直後に、身体が動かなくなった。

「何で助けてくれないんだ」

耳元で男の苦しげな声がした。指一本も動かせない。

その状態で男の恨みごとが次々に囁かれる。

「こんなに苦しいのに」

「痛いんだ」

「助けてくれ」

姿は見えないが、悲痛な声だ。

そんなことを言われたって、どうすればいいんだ。

桂さんが泣き出したくなったとき、胸元のスマホから軽快な音楽が流れた。

その途端に金縛りが解けた。桂さんは小走りで事務所に戻りながらスマホを確認した。

発信は自宅からだった。電話に出ると同時に礼を口にする。

「助かったよ。ありがとう！」

『……いつ帰ってくるの？』

「すぐ帰るから！」

電話を切ると、荷物をまとめてすぐに事務所の戸締まりをした。

桂さんは、駐車場まで急いだ。車に乗り込んで一息吐いた。

何か礼をしなくては。ケーキでも買っていこう。

　家に戻って奥さんにケーキを渡す。

「さっきはありがとう。助かったよ」

奥さんが怪訝な顔を見せた。

「どうしたのコレ」

「いや、さっきの電話のおかげで助かったからだよ。いいタイミングで電話してくれて、本当に助かった。どうもありがとう」

「電話なんかしてないわよ？」

その返事にはたと気付いた。

そうだ、連絡はいつもメールだ。

あの声は誰だったのか。

桂さんは考えるのをやめた。深く考えると、もう家に帰れなくなってしまう。

そしてこれ以降、彼は残業するときにも、他に人がいるタイミングに限定することにしている。

浜松の高台

浜松にある風光明媚な高台での話だ。

圭子は観光で静岡に来ていた。現地の知人である悟の紹介であちこちを周り、ゆっくり話すのにいいよと連れてこられたのが、その場所だった。

ただ、既に時刻は夜だ。浜名湖は真っ暗で見えなくても夜景は美しい。雰囲気はバッチリだったが、悟と圭子の会話はロマンチックなものとはかけ離れていた。

「やっぱり山間部は攻め難いよな」

「だから上田城が……」

二人は戦国オタクとして知り合った。従って、出る話題は自然と武将や城、それらの戦いについてだった。話は段々と熱を帯び、誰が攻めれば大将首が獲れたか、そんな話になった頃、圭子は異変に気付いた。

背筋から広がる、ぞくりとする寒気は、良くないことの知らせだ。

狭い駐車場に他の車はいない。だが、ミラー越しに何人もの人が見える。黒い人影だが、服装が分かる。今は夏なのに季節外れのジャケットを着た男や、時代外れの服装の女性が何人も立っている。

悟に気付いた様子はない。

あ、と思ったときには背後に佇んでいた人影が、駆け出した。

人影は躊躇《ちゅうちょ》なく浜名湖へと続く崖から飛び降りた。それをきっかけに、何人もの人影がその後を追っていく。

悟の顔を見ようとしたが、ちらちらとそれが目に入り、話をするどころではない。

「――今夜はもう遅いし、また明日話そ？」

急に口が重くなった圭子の異変を感じ取ったのか、悟は圭子の泊まっている駅前のホテルまで送ってくれた。


だが、今度はホテルの部屋でも、窓に人影が落ち続けた。

どうも先ほど見た男や女のようだ。

――付いてきたのか。

布団を被って見ないようにしても、落ちていく気配を感じる。

何人もの人が何度も何度も落ちていく。

「行かねばならん」

「皆一緒だ。行こう行こう」

「飛び降りよう。さぁ早く。急いで――」

そんな声も脳に響き始めた。だが圭子は夜が明けるまで無視し続けた。

翌朝は当然寝不足だ。

待ち合わせ時間に再び悟と合流したが、どうにも朝から彼の様子がおかしい。

「大丈夫？」

「はは……ごめん、色々案内したいけど、今日は寝不足でさ」

何があったのかは口にしなかったが、鳥が飛ぶのさえ怯える彼の姿に、きっと同じ体験をしたのだろうと圭子は感じた。

女子トイレの主

とある中学校で、東山さんは生徒会に入っていた。

ある日、文化祭の準備で遅くまで学校に残っていた。生徒会長はもう帰宅していたが、副会長の東山さんと、書紀の田畑君が書類を整理していた。

すると、生徒会室のすぐそばで、キンキンという、金属の棒同士を叩くような音が響き始めた。何か工事でも始まったのではないかと思ったが、そんな話は聞いていない。しかも、もう夕方遅い時間だ。工事に入るにしても遅すぎる。

そのとき、田畑君が立ち上がった。

「トイレ行くついでに見てくるよ」

だが、ドアを出た彼はすぐに戻ってきた。

「早いじゃない。どうした――」

声を掛けつつ振り返ると、真っ青な顔をした田畑君が震えている。

「出た」

何が出たのか聞くと、女子トイレから女の子が出てきたという。その全身が真っ赤に染まっていた。両腕にザクザクと深く傷が入っており、そこからもこもこと血が流れて足元に血溜まりを広げ続けている。

「――会長、まだここにいるの？」

女の子は田畑君にそう言って消えた。

「ちょっと待って。女子トイレって、板が打ち付けられていて入れないはずでしょ？」

話を聞いた東山さんが廊下に出ると、やはり女子トイレには板が打ち付けられたままだった。

昔、そのトイレで自殺した女の子がいたというのは、よく知られた噂だった。全身を刃物で傷つけるという壮絶な自殺の原因はいじめで、いじめていたのは当時の生徒会長だった。

その日以来、今度は現在の生徒会長が学校に出てこなくなってしまった。

生徒会長に何があったのかは分からない。生徒会長は卒業するまで学校に一度も顔を出さず、何処を受験したかも、合格したのかどうかすらも東山さんは知らない。

その後、顔を包帯でぐるぐる巻きにした生徒会長を見かけたという噂を、成人してからあった同窓会で耳にしたことがある。

その真偽は定かではない。

ゴミ捨て道

「便利よぉ。いつの間にか持っていってくれてるし」

上司が入居した賃貸の戸建ての隣は古い廃墟だった。

廃墟は旗竿地《はたざお》になっていて、私道の奥に建っている。私道の入り口には古い手書きの「この先行き止まり」との表示が出ている。

なので、所有者はいるようだが、いつ訪れているのかはよく分からないらしい。

上司が言う「便利」とは、ゴミ回収に間に合わなかったゴミ袋をその私道に置いておくと、いつの間にか回収されているという点だ。

どうやらそれは近隣にも知られているようで、夜中になるとその私道にはポツポツとゴミ袋が置かれているという。

そんなことがあるだろうか。

夜中に市の回収がわざわざ来ているということもあるまい。

そうなると、誰かが気を利かせてそれらのゴミを一旦回収して、別の日に出し直してくれているのではないか。

そう指摘すると、上司は肩をすくめた。

「そうなのかもしれないけど、便利だからいいわ」

ああ、こいつは結局そういう奴なんだよなと、不快な気持ちを覚えた。


彼女は続けて、私道に以前どのようなものが置かれていたかを説明した。

実に多彩で想像以上だった。

燃えるゴミや燃えないゴミの袋は当然として、アイロンやミシン、古い自転車などの粗大ゴミ。枝木を束ねたもの、大型テレビ、洋式便器、車のボンネット、

「それ、全部近所の人が持ち込んでるんですかね」

問いには案の定、「さぁ。知らないわ」とだけ答えた。


それから一年と経たないうちに、上司はその戸建てから引っ越したと聞いた。

理由を訊ねると、例の私道が大変なことになったらしい。

「色々と変なものを捨て始める人がいたの。生き物とか。ペットの死骸とか」

だが、不思議なことに、生き物や死骸は、回収されなかったらしい。他の燃えるゴミや燃えないゴミはきちんと回収されたにも拘らず、ペットの遺骸の入った袋が回収されず、

異臭を放ち始めたという。

「隣の奥さんとか怒っちゃってね。何で持っていってくれないんだって。臭いだって出るんだから、持っていくのが当然だって」

勝手よねぇと、上司は自分のことを棚に上げて呆れたような声を上げた。

「あぁ、そうかぁ」

何かを思い出したように上司は素っ頓狂な声を上げた。

何ですと訊ねると、彼女は不快さの混じった笑みを浮かべて言った。

「あたしはもう引っ越したから関係ないけど、お隣の奥さん、そのうち義父さんを捨てるつもりって言ってたのよね」

更にその話を聞いてから一年ほどして、上司がその私道のことを思い出したように話題に出した。

どうやら偶然近所を通りがかったらしい。

「でもさ、あたしが住んでた家も、お隣も、その近くの家も、全部更地になっちゃってたよ。で、その真ん中に、あの廃墟だけが相変わらず建ってたんだよね」

あの家に長居しなくて良かったと、彼女はホッとしたような顔を見せた。

振り袖

矢作さんが子供の頃に住んでいた家は、祖母の家と隣り合っていた。

恐らく祖母の家が母屋で、矢作さん家族が住んでいたのが離れだったのでは、と思う。

矢作さんの住んでいた家には押し入れがあった。

押し入れの中に潜り込み積まれた布団をかいくぐって奥まで身体をねじ込むと、暗い押し入れの片隅にある隙間から明かりが漏れている。

そこからは、畳敷きの部屋が見えた。絢爛《けんらん》な振り袖が飾られた和室である。

綺麗だなあ、と思った。

この押し入れの向こう側がちょうど祖母の家だった。

叔父の部屋には一畳分だけ畳があったので、きっとあの部屋は叔父の部屋で、振り袖は叔父のものなのだろう、と合点した。

「子供の頃、叔父さんの部屋に振り袖があった気がする」

そんなことを思い出したのは、あの家がとうになくなった後のことだ。

記憶を頼りに離れの間取り図のようなものを書き起こしているうち、気付いた。

母屋と離れの間には塀があった。

そして、離れの建物には壁があった。

コンクリかモルタルの壁だったはずだ。

押し入れの奥に隙間があったとして、何故、押し入れの外が見えたのか。

況《いわ》んや、何故、塀の向こうにある叔父の部屋の中が見えたのか。

だが、振り袖は確かに見えた。

何故、あの頃の自分は深く疑問を抱かなかったのか。

考えても詮無いことなので、〈面白い〉と結論付けることにしてそれ以上考えるのはやめた。

初回特典

荻野さんは電話を契約するときには、必ず新しい番号にするという。

実際には現在使っている電話にもう一台を追加して、暫く使ってみてからどちらかをメインにして乗り換える。その際にはＳＩＭは必ず新しく契約した番号のほうに入れ替えておくのだという。

これで端末は気に入ったほうに、電話番号は新しいものになる。

このような運用をしている理由は、単に長く番号を使いたくないからだ。

昔、ストーカーの被害に遭ったこともあるし、拘束したがる彼氏が何度も電話を掛けてくるのも不快だった。

だから学生時代から常に携帯電話は二台持ちで、電話番号はすぐに変えることにしている。ただ、そんな彼女だが、実は電話に関してちょっと気持ちが悪いことがずっと続いているという。

「これって、最初は私だけなのか分からなかったんですけど、友達に聞いたらそんなこと一回もなかったっていうから、多分私だけみたいなんですよね」

彼女はそう言うと、初回の電話ってありますよねと真剣な顔を見せた。

事務手続きを終えたことを確認する電話や、それに類する連絡のことかと確認すると、そうではないと言う。

「毎回、番号を変えるとすぐに電話が掛かってきて、助けてって言われるんです」

基本的には非通知で掛かってくる。最近は彼女も法則が分かっているので、それには出ないようにしている。そもそも電話番号は、家族くらいにしか伝えない。あとは無料通話アプリで事足りるからだ。

ただ、ごく稀に契約して最初に電話を掛けてくる番号が0120で始まる場合がある。そうすると、発信元の機械音声の裏側で、誰かが必ず「助けて」と小さく声を上げる。その場合は出てしまうこともあるという。

家族が電話を掛けても同じことが起きる。

「それなら――古いほうの電話から、新しいほうの電話に掛けてみればいいんじゃない」

アドバイスのつもりでそう言うと、彼女は一瞬明るい顔になった後で、それはできないと難しい顔を見せた。

もしそれで「助けて」と言われてしまったら、もう逃げ場がないからという理由だった。

飛顔

戸村さんの働く工場では、コンビニのお弁当の調理製造などを中心に扱っていた。

工場では配置で揉めることもある。担当によって、仕事のキツさに差があるのだ。

だがリーダーを任された戸村さんは立場上嫌がることもできず、いつも一番きついとされているおにぎりの部屋を担当していた。

ビニール製の手袋一枚で、炊きたてのお米を機械へと詰めていくのだ。その熱さに手を火傷《やけど》する者が絶えない。


その日は米が炊きあがった後で機械へ運び込もうとすると、立ち込める湯気の中をふわふわと移動しているものが見えた。その直後、自分の顔の倍はあろうかという大きさの老婆の顔だけが、歯抜けの口を大きく開き、満面の笑みを浮かべて湯気の中をこちらに向かってきた。

驚いて身をすくませた。しかし何も起こらない。

「気にしちゃ駄目よ。笑ってるうちは平気だから」

相方になったパートさんが淡々と言う。彼女は決して視線を上げなかった。

もっと話を聞きたかったが、食品を扱っていることもあって私語厳禁だ。

戸村さんは気にはなったが、仕方なく黙って仕事を続けた。

三杯目の釜で作業は終わりだったが、釜ごとに異なった顔が湯気の中を彷徨《さまよ》っていた。

表情はどれも笑顔だった。


その日の仕事が終わり、先ほどの顔について話を聞きたかったが、生憎《あいにく》相方だったパートさんが誰だか分からない。何しろ更衣室で揃いのマスクと割烹着《かっぽうぎ》と帽子を脱げば、人相も分からないのだ。

結局戸村さんは暫くの間、ずっとおにぎり担当を続けた。

その間に、彼女は何回も顔を目撃した。大体が初老から老人だったが、驚かされるだけで特に何かがある訳ではない。飛んでくる顔に驚くのよりも、熱さと暑さのほうが問題で、とうとう二週間後に熱中症で休むことになってしまった。

二日ほど休んで仕事に戻ると、おにぎり担当へとまた回されてしまった。

辟易《へきえき》しながら作業に従事する戸村さんだったが、気が付くと相方が変わっている。

一緒にいたのは四十代ほどの女性だったはずだが、若い社員へと代わっていた。

御飯の釜をひっくり返す。湯気が吹きでる。今度は顔が出てこなかった。

機械に流し込んで、おにぎりがビニールに包まれて出てくると、社員さんは冷たい口調で言った。

「あとは一人でできるでしょ」

一刻も早くここから出たい、彼女はそう願っているように聞こえた。

「あの。前にここにいた人はどうされましたか……？」

「前田さんね。怪我して休んでるわ」

そう言った後で、社員さんは確認するように訊ねてきた。

「貴方も顔が見えたの？　それで怪我して休んでたの？」

「いえ、私の場合は暑さで参ってしまって――」

「でも見えたのね。ごめんなさい、配置変えるわ」

どういうことですかと問うと、社員は短く答えた。

「怒った顔に噛まれたのよ、前田さん。腕とか……色々」

彼女は心底嫌そうに答えた。

迷い道

ひろみさんは、たまに一人で近所を散策する。

夫の仕事に付いて引っ越してきたのはいいけれど、子供もまだいない、元来身体が強い訳でもないので、働くのもまだ不安だ。しかも夫は稼ぎは十分にあるから働かなくても良いという。従って専業主婦になった訳だが、彼女は家に閉じ籠もるのは嫌だった。

そんな理由で、彼女は体力作りも兼ねて、近所を時折うろつき回っているという訳だ。

今では夫よりも近所については断然詳しい。

幸いなことに体力も付いてきた。

ある晩秋の午後、彼女は少し離れた丘の上まで歩いていこうと思い立った。

およそ二時間もあれば行けるだろう。

そう思って歩き出してから、とっくに二時間は過ぎている。丘の上まで来てはいるようだが、戻るタイミングを逸してしまっている。

軽トラックがすれ違えない程度の細い道を奥へ奥へと進んでいくと、小さな集落に入り込んだ。民家が三軒並んでいる。

だが、ひろみさんは、集落の空気に違和感を覚えた。音一つせず人一人見かけないからだ。

——廃集落だろうか。

スマホを取り出し、位置情報を確認しようとすると、何故かネットに繋がらない。

それがネットワークのトラブルなのか、端末のトラブルなのか、他に理由があるのかは、ひろみさんには判断できない。

そのとき、先ほどまで誰もいなかったはずの民家の軒先に、お婆さんが三人座っているのに気付いた。三人は全員同じ顔をしている。その顔が音を立てずに笑っている。

異様なものを感じて、ひろみさんはもう帰ろうと決めた。

しかし、余所者《よそ》が挨拶の一つもしないで、そのまま立ち去っていいものだろうか。

そのとき、びゅうと強い風が吹いた。やけに冷たい風だった。

太陽が、目視できる速さで移動している。

あっという間に夕方になった。

これは何かがおかしい。狸か狐にでも化かされているのではないか。

ひろみさんはその場から元来た道へと駆け出した。

ずっと一直線に進んできたので、戻る道も迷うことはないと思っていたが、何度戻ろうとしても同じ集落に着いてしまう。

そのたびに、声のない三人の老婆の笑顔に迎えられる。

まるで抜けられない迷路を巡回しているかのようだ。時間も止まってしまっているのか、夕方から景色が変わらない。

迷い始めてもう数時間は経っているはずなのに。まるで悪夢のようだった。

最終的には目の前に偶然軽トラが通りがかったので、地獄に仏と声を掛けた。

作業員が二人乗っているので乗せられないけど、ゆっくり走るから後ろを付いておいでと言われた。

その言葉通りに車の後ろを追って歩いていくと、無事山道を抜け出すことができた。

自宅に戻ったときには、まだ夕方の買い物の時刻だった。山で過ごしていた時間が何だったのか、全く納得がいかない。


その夜、夫にその体験を話してみると、一緒に行こうと言い出した。

道順は覚えている。だから必ず辿り着けるはずだ。

しかし、結局あの老婆のいた集落にまでは、何度行こうとしても行けないのだという。

五階のおばさん

お化けを見た訳じゃないんです。でも、納得のいってない話があって。

怪談を取材していると告げた私に、中津川さんはそう言った。

勿論、そんな話も大歓迎である。

「五階のおばさん」の話なんですけど、と彼は切り出した。


中津川さんは小学生の頃、マンションの七階に住んでいたのだという。

そのマンションの五階に居を構えていたのが、話題の「五階のおばさん」なのだ。

勿論、生身の人間である。何が憑いている訳でも、呪詛を飛ばす訳でもない。

見た目で判断するにお母さんより少しばかり年上で、細身で、後ろで結わえた長い黒髪が印象的な女性であった。

気立ても良く、何処で会ってもにこやかに挨拶をしてくれた。

そんな「五階のおばさん」の、何に納得がいかないというのだろうか。

――夜中に、目が覚めたんです。別にトイレが近かった訳でもないのに。することもなくてキョロキョロしていると、人の気配に気が付きました。和室に布団を敷いていたんですけどね、枕の先にダイニングテーブルがあるんです。真夜中ですよ。電気も点けず真っ暗な部屋で、誰かが座ってるんです。自分の位置からだと、斜め後ろからその人を眺めるような感じになるんですけど。細身の女性で、長い髪を後ろで束ねているのが分かりました。

ああ、「五階のおばさん」だ。そう思いました。

キャラクターの絵が描かれたマグカップを手にして、何か飲んでいます。

こんな時間にうちで、しかも一人で何してるんだろ。不思議に思いましたが、そのまま寝ちゃったんです。

翌朝。「だあれ、私のマグカップ使ったの」という母の声で起こされました。

ダイニングテーブルに、キャラクターの絵が描かれたマグカップがぽつんとあります。

そういえばこのマグカップって、いつも母が使っているものなんですよね。

中には、冷めきって泥水のようになったコーヒーが三分の一ほど残っていました。

父も弟も、知らないよと言っています。そりゃそうですよね。昨夜、そのマグカップを使ってコーヒーを飲んだのは、「五階のおばさん」なんですもん。

でも。どうしても、昨夜五階のおばさんが使ってたよ、とは言えなかったんです。言うと良くないことが起きる気がしたというか、家庭に余計な波風を立てる気がしたというか。小学生でもそのぐらいは何となく分かるじゃないですか。

今でも「五階のおばさん」とは街で会うし、会えば普通に言葉も交わすんですよ。でもあの夜の出来事だけは、未だに納得がいってないんです。

ぐるぐる

仙台の東に位置するとある大型書店で怪談本を購入し、藤崎さんは自宅へと戻った。

彼女は怪談本が好きで、月に数冊は購入しているという。

勿論出版された本全部を買っている訳ではないが、相当読んでいるという自覚はある。

彼女は、買ってきた怪談本は、深夜眠れないときによく読むのだという。

不眠症気味の藤崎さんはその夜も眠れそうになかったので、ベッドに横になって読書灯を点けた。枕元に積んである怪談本を手に取り、目を通していく。

本には、首のない女の子が登場する話が書かれていた。

その話を読み始めたところで、外から声が響いてきた。

「ヴーーーーあーーーーー」

唸《うな》り声とも吠え声とも聞こえる低い声だが、動物ではなく、人間の出す声に思えた。

それも――女だ。

直感した。それがアパートの周囲を回るように移動している。

彼女はアパートの一階に住んでいる。隣の敷地との間には人が横向きになって歩かねばならないほどの隙間しかない。隣の庭にも荷物が置かれ、まっすぐ歩くことは困難だ。

だが声は、障害物など関係なしに通過していく。

季節は四月の中旬。発情期の猫か何かだろうか。だが声の発生源は、地上から高さがある。そんな高さを維持したまま、アパートの周りを回る猫などいるはずがない。

五分、十分、二十分。一時間待っても声は止まらない。

——本当に何が声を上げているんだろう。

恐怖心より好奇心が上回った藤崎さんは、薄く窓を開けて外を窺った。

角を曲がり、声が近付いてくる。そして、窓のすぐ横を通過していった。

それは首のない裸の女の子だった。その見えない頭部から、声が漏れていた。

藤崎さんは、驚きに声を上げそうになったが、それを堪えた。

気付かれてはいけない。気付かれたら、どうなるか分からないからだ。

声が次の角を曲がったところで、窓を閉めて、鍵を掛けた。

声は、それから一時間、ずっと回り続け、日付が変わって暫くしてから止まった。

当該の怪談本は、そのページ以降、読み進められていない。

呆れた声

以前、北陸在住の滝沢さんから聞いた話。

深夜、喉の渇きで目が覚めた。

ベッドから起き上がり、ノロノロと台所まで移動する。

水を注いだグラスを持ち上げようとしたとき、距離感を間違えてグラスを床に落としてしまった。

しまったなと思った直後、すぐ耳元で声がした。

「つんもう〜〜。何やってんのぉ〜〜」

呆れ果てたような女性の声だった。

彼のマンションの部屋では、そういうことがよくある。

秋月夜

深まりゆく秋を感じさせる夜風がさあっと吹いて、琥珀《こはく》色をした月が水面に揺れた。
その月を釣り上げんとばかりに、岸壁から竿を垂らす男が二人。裕也と雅弘である。
二人は幼なじみなのだ。齢三十を過ぎても、こうして夜釣りを共にする仲である。
オレンジ色に灯る電気ウキが、二、三回けいれんしたかと思うとたぷんと沈んだ。
しかし、二人とも黙りこくっている。ただ、竿をジッと見つめている。
「今――」思い切ったように裕也が口を開いた。
「声がしたよな」うわずった声で雅弘が答えた。
「女、だったよな」二人の意見が一致した。
「助けて、って言ってたぞ」裕也の声が震えている。
「いや、待って、って俺には聞こえたぞ」今度は意見が、割れた。
台詞は違えど、二人の耳には女の声がはっきりと聞こえていた。
それはあたかも、水面の、二つ並んだウキの間から語り掛けるようであった。
宮城県南部、Y漁港での出来事である。

植え込み

高校生だった頃の話。

放課後、友人と明かりの消えた食堂の横に差し掛かったときのこと。

何処からか男女の話し声が聞こえてきた。女子校だから、教師以外の男性の声がするのは珍しい。こちらを指して何か言っているようなのだが、内容は分からない。

聞き取り難い、訳ではない。寧《むし》ろ音声は明瞭だが、聞き慣れた音ではないからだ。恐らくは隣国か、大陸のほうか。

ただ、悪意が向けられているのは分かる。

普段は黙っていられる性分ではないが、これは質《たち》が悪い。声が聞こえていることに気付かれたらヤバい。肌がざわめくような感覚。怖気《おぞけ》立つ、とはよく言ったものだ。

声が聞こえてくるのは食堂に隣接している膝丈ほどの植え込みの中。建物との隙間は殆《ほとん》どなく、大人が二人も潜んでいられる空間は何処にもない。

さり気なさを装ってその場を離れる。何も聞こえていないらしい友人の、能天気な笑い声に少しだけホッとした。

人のいない温泉で

山田さんは温泉宿の大浴場で、耳のすぐ下まで湯に浸かりながら呆けていた。

今年は仕事も独立したばかりで、色々としんどいこともあった。しかし終わってみればなかなか上々ではないか。

そんな自分への御褒美に一泊二日の温泉旅行へと出かけたのだ。

宿もいい感じに鄙《ひな》びていて、他に客の姿もない。


目を瞑り、湯船に水が注がれるチョロチョロという音に耳を傾ける。

ああ、いいなぁ。リラックスするなぁ。

次は何年後に来られるだろうか。

そんなことをしていると、離れたところから、ざぽ、ざぽ、ざぽと、誰かが近付いてくる音がした。

目を開けて音のほうへと視線を向けても何もない。水面に波も立っていない。

気のせいだろうか。大浴場に誰もいないのは確認している。

再び目を瞑ると、再度誰かが近付いてくる音が聞こえた。

ざぽざぽざぽ。

先ほどよりもペースが速い。

このままだとどうなるんだろう。

音は頭のすぐ横まで近付いてきた。怖い。思い切り瞼《まぶた》に力を入れる。

「お母さんが大変よ」

声が聞こえた。女の声だ。ここは男湯だ。女性がいるはずがない。

だが、それ自体よりも、声の内容が心配だ。

湯船から飛び出し、部屋まで戻って携帯電話で実家に電話を掛ける。呼び出し音が鳴っている間、緊張で心臓が高鳴った。

「お。どうした」

電話口に出たのは父親だった。今し方起きたことを説明すると、特に心当たりはないと言われた。それでも何かないかと訊ねると、暫く沈黙して続けた。

「関係あるか分からんが、お母さんこの間、宝くじで五万円当たったぞ」

それから二年。山田さんの両親は今も健在だ。

目と目で通じ合う

違和感という名の電気信号に刺激されて、千恵さんは目が覚めた。

〈私……、誰かに見られている〉

誰かの視線が肌をざわざわと這っていく。

しかし両隣に横たわる友人は、揃ってぐうすか寝息を立てている。

昨日丸一日、県内のゲレンデで滑ったのだ。家に連れ帰り、夕食を済ませた頃には既に目がとろんとしていたのを思い出す。千恵さん自身も、瞼が重くて仕方ない。

視界が妙に暗い。豆球を点けたまま寝たはずなのだが、消されてしまったのだろうか。

いや、違う。日蝕のように、黒い影の周りにオレンジ色のほのかな環ができている。

電気は灯っている。半分しか開かない寝ぼけ眼が、徐々に焦点を結んでいく。

これは——。人だ。男が、自分の頭の先に座って、こちらを覗き込んでいる。

銀色のスキーウェアに、青いニット帽。

御丁寧にもゴーグルまで着けていて、ぎらりとした曲面ガラスに、歪んだ自分の顔が映り込んでいる。その向こうの表情までは分からないが、どうにも目が合っている気がする。

変質者だ。スキー場からここまで着いてきたのだ。いつの間に入り込んだのか。

大声を出せば、階下で寝ている両親が駆けつけるだろう。しかし、そんなことをすれば何をされるか分からない。

かと言って、このまま変質者の視姦に耐え続ける自信もない。

千恵さんの頭に妙案が浮かんだ。

ごろりと寝返りを打つフリをすると、勢いが付いて右隣で眠る友人の身体を乗り越えた。

薄目を開ける。自分の頭の先から、男がこちらを覗き込んでいる。

いつの間にか物音も立てず移動して、先ほどと全く同じ姿勢で顔を向けている。

〈何、こいつ。気持ち悪い〉

千恵さんはごろり、ごろりと寝返りを打つフリをした。友人二人の身体を乗り越えて、今度は並べた布団の左端に我が身を動かした。

薄目を開ける。自分の頭の先から、男がこちらを覗き込んでいる。

いつの間にか物音も立てず移動して、先ほどと全く同じ姿勢で顔を向けている。

ゴーグル越しに、目と目が合っている。

車両整備工場

祥子さんの父親の会社は、個人経営の車両整備工場で、整備待ちの車両が常時何台も置かれていた。

ある夜のこと、彼女は父親から許可を貰い、事務所で友人と勉強会を行うことになった。

しかし、勉強は身に入らず、友人とともにゲームで遊び始めてしまった。

深夜になって二人が、お菓子を食べながら話をしていたところ、外からカンカンという音が聞こえてきた。

二人は口を閉ざした。今のは二階にある事務所へ上がる工場の階段を上ってくる音だ。

工場のシャッターが動いた音はしなかった。だから人が入ってくるはずもない。

何だろうと二人で顔を見合わせると、バタンと車のドアの閉まる音がした。

「ちょっと様子見てくるね」

祥子さんが工場へと向かおうとすると、一人じゃ危ないからと友人も付いてきてくれた。

整備待ちの車の中には高級車もある。泥棒が入っていたら只事ではない。

二人は焦って工場に移動した。周囲は静まり返っている。

並んでいる車の中を一台一台覗き込んでいくが、何処にも人の気配はない。気のせいだよねと頷き合って、事務所に戻ろうとしたときに、背後から大きな声が聞こえてきた。

「何トロトロ走ってやがる！」

若い男の声だ。内容はともかく、やはり侵入者がいるのかもしれない。

友人を先に事務所へ戻らせ、祥子さんは慎重に見て回った。

その間にも声が聞こえてくる。

「クソっ、邪魔しやがって」

続いてクラクションの音。タバコの匂いすら漂ってくる。

しかし、工場の中なのに音が反響していない。

「追い抜いて……あっ」

それは一際大きな声で、その直後に静かになった。

友人は工場で声は聞こえていたが、事務所では何も聞こえなかったと言った。ただ、それから暫くの間、車の開け閉めや階段を上り下りする音が続いた。

朝、迎えに来てくれた父に話すと吹き出した後で真面目な顔をした。

「事故車もあるからなぁ、そんなこともあるかもな」

その後、彼は暫く工場の中を眺めていたという。

入ってます

これは困ったことになった——。朱美さんは一人唸った。
今、朱美さんは、ドラッグストアに設置されたトイレの前に立っている。
たった一つの、女性用個室。扉の鍵は赤色。使用中ということである。
しかし、別に便意を催して焦っている訳ではないのだ。

時を少々巻き戻す。
買い物をしていた朱美さんは、手元に携帯電話がないことに気が付いた。
先ほどトイレに入った折、ポケットから取り出したところまでは覚えている。
慌てて個室へ引き返したものの、既に誰かに先を越されてしまっていた。
急いではいたが、やむを得ない。中の人が出てくるのを待ち、回収するしかない。
そう思って、待った。五分は、待った。
けれども一向に出てくる気配がない。急かしてしまうのは心苦しいが、ノックした。
コンコン。無機質な音が呑気に返ってきた。

それから何分経っただろうか。

人が用を足す標準時間など知らないが、さすがに長すぎるだろう、と思った。

いや、もしかすると、中で体調を崩しているのかもしれない。

一度踵《きびす》を返した朱美さんは、今度は店員を伴ってトイレの前へやってきた。

「お客さん、聞こえますか、大丈夫ですか？」

——はぁーい。

男のものとも女のものとも付かぬ掠れた声が、けれどもはっきりと返事をした。

ならば幾ら時間が掛かれど使用中なのだ。店員はフロアへ引き返してしまった。


それから、待っている。ずっと、待っている。

しかし、主が出てくる気配は一向にない。物音一つさえしない。

さすがの朱美さんもこれには腹が立ってきた。

いつまでも忘れ物を回収できないことにも、店の設備を我が物顔に使い続けている者がいることに対しても、である。

先ほどの店員が通りかかって、まだ出てこないのですか、と目を丸くした。

今度は朱美さんが声を掛ける。

「ねえ、大丈夫ですか。待ってるんですけど、まだですか」

しかし、返事はない。

コンコン、とノックをしてみる。けれども、返事はない。

ドンドンドン、と叩く拳に力が籠もるが、しかしそれでも返事はない。


あれ、そういえば——。鍵の表示が半分だけ赤になっている。

ちらりと顔色を窺うと、店員が黙って頷いた。開けても良い、ということだろう。

「開けますよ？　いいですね？　開けますからね？」

思い切って扉を引く。予期せぬ軽さに、尻餅を突きかける。

中に、誰も入っていない。

ノックは返ってきた、返事もあった、それからずっと扉の前に立っていた。

誰も中から出てきていない。それなのに。

朱美さんは、暫《しば》し店員と顔を見合わせるしかなかった。


仙台市での話である。

許可

「憑かれやすいっていうか、大体憑かれてるというか、憑かれていない時間のほうが短いっていうか」

嘉門君は、そういう体質らしい。幼い頃から何かしら幽霊を背負っているという。

「別に害はないんですよ。大人しく乗っていてくれるだけなら、重い訳でもないし、他の人に見える訳でもないし、健康に悪いことがある訳でもないし、家族に迷惑って訳でもないみたいなんで」

彼は三十代後半だが、基本的には訪れてくる幽霊達は無害なのだと主張した。

「多分凄い短いスパンで変わる守護霊みたいなもんなんですよ」

彼は人以外にも動物の霊を乗せることもあるらしい。時には得体の知れないものや、神様と呼ばれるような存在にも肩を貸しているという。

疲れたりしないのかと訊ねると、気にしたこともないという。

「ああ、だけど、時々なんか言う人がいて、それは困りますね」

それは眠いときに限って声を掛けてくる女の幽霊だった。

彼には珍しく、一週間ほど取り憑いていたらしい。

仕事などで酷く疲れてしまい、つい船を漕ぎそうになるのを耐えていると、背中側から声が聞こえる。

「寝てもいいんですよ」

ああ、寝てもいいんだ。

その声を聞くと心の何処かで緊張が解けるらしく、すぐに意識が飛んでしまう。

「だから、車の運転をしてるときはヤバかったですね」

高速道路を時速一二〇キロで運転中に、二秒ほど意識を失ったらしい。

「でも実害がありそうだったのはそいつくらいです」

時々思い出しては、彼の無事を祈っている。

上信越道のトンネル

「危うく事故になるところでした」

充子さんは不思議な体験は一回しかないのですが、と前置きして教えてくれた。

今から十年以上前のことになるが、彼女が夫の運転でスキー場に行こうとしたときのことだという。

都内から関越道を通り、群馬県の藤岡ジャンクションから上信越道へ。上信越道で横川、軽井沢を抜け、長野県に入った。

途中のサービスエリアで休憩する。目的地まであと少しといったところだ。

ハンドルを握る夫は、眠気覚ましのガムを噛みながら、カーステレオから流れてくる曲を聴いている。

対面通行区間に入った。その途中にあるトンネルを通るときに、酷い眠気が充子さんを襲った。

どうしたんだろう。

戸惑うほどの眠気と戦っていたが、どうしても目を開けていられない。

途中で引き摺り込まれるようにして意識を失った。

「危ないよ！　ハンドルを切って！」

「え、どうして？」

「早く切って！」

必死に叫ぶ女性の声で、危機を伝える内容が耳に響いた。

ああ、夫を助けなくちゃ。

意識を失っていた彼女は必死にハンドルにしがみつき、手前に回そうと全体重を掛けようとしていた。

そのとき、意識が戻った。夫がやめろと怒鳴っていた。

夫はたまたま現れたパーキングエリアに車を入れ、深い深い溜め息を吐いた。当然だ。事故になるようなことをしでかしてしまったのだ。

「ごめんなさい」

そう呟くと、夫は心底心配そうな瞳で充子さんを見つめて言った。

「君、どうしたんだ。トンネルに入ったときからずっとブツブツと何か言い続けて、いきなりハンドルを奪うような真似をしたんだよ」

申し訳なさで夫の顔を見られない。

そのとき、耳元で声がした。

「あなたの代わりに別の人が死んだわ」

あの叫んでいた女性の声だった。

紫陽花《あじさい》

六月。暗い路地を歩いていると、青、赤、白の、たわわに花開いた紫陽花が、路地の片側の壁を埋め尽くしている。

ああ、しまった。この季節は、この路地を通らないと決めていたのに。

丸山さんは後悔した。わざわざ今来た道を戻って迂回するのも億劫《おっくう》だった。

雨がしとしとと降っている。

ああ嫌だ。

何故なら、毎年この季節になると、この路地で見る紫陽花が、赤ん坊の首に見えるからだ。花弁がくしゃくしゃの赤ん坊の泣き顔に見える。

それどころか、泣き声が耳に届いてきたのも一回や二回ではない。

この季節の、それも雨の夜にだけ、路地に無数の赤ん坊の首が並ぶ。

ある夜、丸山さんは、途中で寄ったコンビニで傘を盗まれてしまった。

――降っていないといいけど。

だが、最寄り駅で降りると、生憎と雨脚は強かった。自宅に予備の傘もある。コンビニで新たに傘を求めるのも嫌だったので、タクシーを使って帰ることにした。

タクシーは件《くだん》の路地に入り込んだ。自宅まですぐだ。

「――この道、この季節になると、赤ちゃんの声が聞こえるんですよ」

タクシーが何故か速度を落とし、運転手の男性が不意に話し始めた。

それにしても、何故そんなことを言うのだろう。

「理由はこの廃屋ですよ」

紫陽花が一際立派に咲く生け垣の横をゆっくり通りながら、彼は説明を続けた。

今は住む者もいない平屋の建物は、ずっと昔、余り評判の良くない産婦人科だった。

運転手は陰気な声で、そんな話を続けた。丸山さんは聞きたくなかった。

話を終えると、運転手は黙り込んだ。タクシーは間もなく自宅へと辿り着いた。

「千円と――」

運転手が料金を口にした瞬間、丸山さんは、運転手が女性だということに気付かされた。

雨の勢いは、ますます強くなっていた。

起きない人

川井さんが高校の頃、刈屋さんという同級生の女の子が亡くなった。

病気で半年ほど入院しており、その間に何度もお見舞いに行った。

亡くなったとの連絡を受けたのは土曜日の夜遅くだった。翌日の日曜日もお見舞いに行く予定だった。

その日曜日の夜のこと。川井さんが自室で寝ていると、玄関から居間に繋がるドアの開く音がした。

続いて居間から台所に続く引き戸。更に廊下から和室に入るドア。順番に開く音と近付いてくる足音。

最後に彼女の部屋の襖が滑るように開き、誰かが部屋に入ってきた。

寝ている彼女の横に立ち、上からジッと覗き込むように見ている気配が感じられた。

怖くて目を開けられなかった。

暫くすると、満足したのか、気配は来たときと逆の順番で扉を閉めて戻っていった。

翌朝、父と弟に、夜中部屋に入ってきたかを質《ただ》した。

玄関側に部屋があるのはその二人だ。可能性があるのはどちらかだと思ったからだ。

だが二人とも違うと答えた。扉の音には覚えがあるという。それぞれがお互いがトイレにでも行ったのだろうと考えていた。川井さんの隣の部屋で寝ている母も、扉の音は耳にしていた。

しかし家族の誰も、彼女の部屋を訪れていないという。

考えてみれば居間か玄関の内側で寝ている犬の反応がなかった。いつもなら父や弟が出てきたらすぐじゃれつくはずなのだ。

結局分からないまま宙ぶらりんな気持ちが残った。


週明けに学校で同級生の葵ちゃんにその話をした。

すると彼女は、昨日刈屋さんから電話が来る夢を見たよ、と言った。

葵ちゃんが電話を取ると、相手は刈屋さんで、「あなた亡くなったんじゃないの?」と訊くと、「川井さんに言いたいことがあるのに、彼女起きないから伝言をしてほしい」と言われた。

「直接電話すればいいじゃない」

「それができないから頼んでいるのに！」

怒った声で、電話を切られたという。

「川井さん、ずっと寝てたの？」

葵ちゃんは笑った。

冗談めかしたその言葉に、川井さんはどきりとした。

葵ちゃんには言ってはいないが、刈屋さんから起きなかったねと言われたことがある。

彼女が亡くなる数週間前、御家族は既に余命宣告を受けていたこともあり、わざわざ病院に掛け合って、友達である川井さんを病室に泊まらせてくれた。

その夜、刈屋さんがナースコールを鳴らし、看護師が病室に来るという出来事があった。

川井さんは刈屋さんのナースコールに気付かずに眠り続けていた。看護師さんが処置している気配で、やっと目が覚めたという。

その様子を見た刈屋さんは、「何度も声を掛けたけど起きなかったね」と笑った。

刈屋さんの中で、川井さんは寝たら起きない人になっていたのだろう。

彼女からの伝言が何だったのかは、未だに不明だ。

ぶっちぎりバリバリ伝説

九州のとある山道の話。

「あそこは出るんだぜ」

という、ありふれた怪談話を友人から聞かされていた。

「俺は大丈夫だけど、お前はヤバイと思うぜ」

FZR250Rを愛車とする友人は、自信満々に言う。

「何でだよ」

「だってお前、RGV250Γ《ガンマ》だろ」

「あ、何だよ。ヤマハの癖に、スズキ馬鹿にすんのかこの野郎」

「親切心で教えてやってんのに、やんのかこの野郎」

険悪な空気になったので、カッとなって一人で件の峠を攻めた。

ΓとFZRならΓだろ！　出ようが出まいが俺ならぶっちぎるわ！

バイク乗りにはバイク乗りの矜持《きょうじ》というものがある。

まして、スズキ乗りがヤマハ乗りに舐められたとあってはΓの沽券《こけん》に関わる。

腹立ち紛れにアクセルを開くと、ミラーに後方から近付いてくるライトが反射した。

フォオオオオオン……。

甲高いモーターのような金属音。これは、4ストロークエンジンの排気音である。2ストのそれとは全く異なる。

4スト車であるFZR乗りの友人が追い上げてきたのかと思った。

負けるか。

じわじわと車間が詰まってくる。

追われるΓが不調な訳ではない。寧ろ、いつもよりエンジンの噴けもいい。

にも拘らず、振り切れない。アクセルをどれほど開いても振り切れない。

ライトはどんどん近付いてきて、一瞬ミラーから消えた。

FZRのあの苛立たしい排気音はもう間近で、Γの真横に並んでいる。

「クソッ！」

FZRの排気音がΓを追い抜き、振り切って前方にカッ飛んでいく。

が、テールランプは見えない。

FZRの姿は何処にもない。

にも拘らず、音だけが遙か前方に遠ざかっていった。

「……だから、俺は大丈夫だけどお前はヤバイつったろ?」

後日、事の次第を語ったところ、友人は言った。

「お前のΓ、2ストだろ? だからだよ。アレさあ、4スト車で走っても現れないんだ。2スト車で走ってるときだけ現れるんだと。4ストの凄さを2ストに見せつけてんじゃねえかと思うね」

ちりん

豊田さんの暮らす町内には、共同墓地がある。
仕事に行くとき帰るとき、彼はその脇の小道を通るのである。
「行きはいいんですよ。ただ、帰りがね……」
都合上、帰宅するのは日付が変わってからである。
人も蛙も草木も眠る住宅街の細道を、独りでとぼとぼと歩かねばならないのだ。
傍らに続くブロック塀。そのすぐ裏に広がる、墨汁を流したような濃い闇の中から。
——ちりん。ちりん。ちりん。
毎夜、鈴の音が聞こえるのだ。誰もいるはずがないのに、誰かいる。
辻立ちの托鉢《たくはつ》僧が手にするような、金剛鈴を思わせる音であった。
決して、怖くはない。けれどもそれは、ぞわぞわと心の奥を逆撫でるのだ。
「ところがあの日は、鈴が鳴らなかったんですよ」
アスファルトに自分の足音だけが響く。こんなことは初めてだった。

――ちりん。ちりん。

不意に、背後から音がした。

何の気配もない。息遣いも感じない。誰かが近付いた足音も聞こえない。けれども。

鈴の主が、今日は塀の外にいる。しかも、自分のすぐ後ろにいる。

豊田さんは逃げるようにその場を後にした。

息を切らし、荷物を玄関に置いたまま、着替えもそこそこに、布団に潜り込む。

――ちりん。部屋の隅から軽やかな金属音が鳴る。

――ちりん。誰かが足元で鈴を鳴らしている。

――ちりん。聞き慣れたあの音が、寝室にこだまする。

まさか。まさかそんなはずは。いや、しかし。

ちりん。ちりん。ちりん。ちりん。ちりん。ちりん。ちりん。

ノックノック

新橋君は、大学入学とともに、親元を離れて独り暮らしをすることになった。

色々と物件を紹介されたが、学校から一駅離れたアパートの二階の一室に入居を決めた。駅から徒歩七分。六畳一間にキッチンとユニットバス。可もなく不可もない何処にでもありそうなアパート。決め手は家賃が安かったからだ。仕送りの総額は決まっている。だから少しでも安いところにしたかったのだ。大学までは自転車で行けばいい。

入居した夜から、おかしいことには気付いたという。

夜二十一時を回ると、トン、トン、トン、とゆっくり玄関のドアをノックする音が聞こえるのだ。

最初は新聞の勧誘か何かだろうと思って、居留守を決め込んだ。しかし、毎晩続いた。

あるときは、ノックの直後にこっそりと覗き穴から外廊下を見てみた。

だが、誰もいない。去っていく足音も聞こえない。

そうなると、覗き穴でも見えないような扉の下側に、背を低くしてしゃがんでいるくらいしか思いつかない。

それは不自然すぎないか。もし自分がドアを開けたら、ぶつかってしまうではないか。

そこで新橋君は次の晩に、ノックに応じてドアを開けることを決意した。


待機しているうちに二十一時を回った。キッチンに移動して、玄関ドアの前に立つ。その途端に、ノック音が響き、彼は飛び上がった。

トン、トン、トン。

ゆっくり響くノックが終わった直後に、勢いよくドアを開けた。

だが、そこには誰もいなかった。


それ以降も、ずっとノックは続いている。試しに友人が来たときに確認してみたが、ノックが聞こえる人と聞こえない人がいることが分かった。それが何に由来するのか、よく分からない。

だが、新橋君はあえて深入りしないことを決めたという。

今もノックは続いているが、新橋君はそれに反応を返さない。

時々、やっぱりおかしいよなと思うばかりだという。

ここにいてはいけない子

項垂れた田代さんは、女の子が出たんですと漏らした。

彼は他の現場で昼間の常駐勤務をしていたが、もう限界だからと、城田さんの担当する警備現場へと移ってきたのだ。

元気がない田代さんを励まし続けて何日かしたときに、彼はどうしてこの現場に異動してきたのかを教えてくれた。

「小学二年生か三年くらいの子供なんですけど、最初は、家の壁とかに隠れてて。あぁ、遊ぶ相手がいないのかなって思ったんです。やっぱり、昼間からこんなところにいるのはおかしいなって思ってはいたんです」

確かに普通は学校に行っている時間帯だ。

髪の毛は両側を結んでいて、服は上が水色のシャツで、下は赤のスカートだ。

その子は毎日のように現れては楽しそうに隠れてこちらを観察している。時折、たたっと走って移動しては、電信柱の陰に隠れる。

女の子は、物陰からこちらを覗きながら次第に近付いてきている。

近付いてくるに従って、着ている服が想像していたものと違っているのに気付いた。

「赤のスカートにしてはおかしいと思ったんです。色も何か所々で濃さが違うし、赤いのもお腹の辺りから膝丈ですし。そこまでが赤いって、ちょっと不自然じゃないですか」

小走りで移動しているときに、背中側は水色だということに気付いて確信した。

よく見ると、お腹から溢れた血が滲んで、水色の生地が真っ赤に染まっているのだと理解した。

この子はここにいてはいけない子なのだ。

全身を怖気が襲った。

だが、女の子は自分の腹の傷を気にした様子もなく、田代さんの側までやってきた。

「遊んでお兄ちゃん」

そう言って無邪気そうな笑顔を見せた。

「それからは毎日気が付かない間に、すぐ横まで来てるんですよ。おじさんは遊べないよと言っても、ここは工事しているから、子供は入っちゃいけないんだよと諭しても、ニコニコしながらずっといるんです」

調べてもらったが、近隣で子供が酷い目に遭ったというような事件は発生していない。

ではどうしてそんな子がここにいるのか。

どうして自分が選ばれてしまったのか。

そうして精神的に参ってしまった田代さんは、現場を外されて城田さんのところへとやってくることになったのだという。


興味を持った城田さんは、少し調べてみることにした。

すると、その現場では、他の警備員や作業員の中にも目撃者がいると、中里さんという作業員の人が教えてくれた。

「実際のところ、皆何かしら見てるんだよ。見てるんだけど、怖くて逃げちゃうんだよ。子供の目が真っ赤に充血しててさぁ、笑ったときの歯抜けの顔とかは、普通に生きてる子供みたいなんだよ。でも、纏わり付かれるのが嫌だから、皆シカトしてたんだ」

田代さんの代わりに入った人も、やはり子供を見かけたそうだが、近付いてこられる前に現場が終わったそうだ。

「あの現場では絶対警備したくない」

そう訴える警備員が何人も出た場所だった。

八不思議

長野県上田市の小学校での話だという。

当時公孝君は、学区統合の影響で新しい小学校に通うことになった。

その直後、古い学校では〈学校の怪談〉をテーマにした映画を撮影することになった。

撮影期間中も、やれ役者が怪我をしただの、照明などのトラブルがあっただのと様々な話が漏れ聞こえてきた。

学校は廃校にはなったが、近隣の子供が夏休みの朝のラジオ体操で集まるために、校庭だけは使われていた。そこは古い学校ということもあり、学校の七不思議があり、映画の撮影もあって、子供は皆その話をしていた。

公孝君は、七不思議を全部知ってしまうと、一週間以内に隠された八不思議目を見つけないと死んでしまうという——そんな話を面白く感じたという。

トイレの花子さん、音楽室の目の動くベートーベン、血吸いの井戸、理科室の剥製《はくせい》が動くといった定番のものから、廊下の突き当たりの鏡に取り込まれると、別人が出てきて入れ替わられてしまうといった話があった。

他にも体育館でバスケットボールのドリブル音は生首でドリブルをしているというもの、中庭の二宮金次郎の上半身像が、自分の足を探して這いずり回るという話もあった。

公孝君は、その七不思議を近くで見たいと思い、夏休みの昼間に学校の敷地に忍び込んだ。一人では怖かったのもあり、弟と、ラジオ体操で仲良くなった兄妹と一緒に出かけることにした。

四人は軍手を嵌《は》めて校庭をうろつき回った。だが血吸いの井戸は場所が分からず、体育館も施錠されている。校庭から確認できるのは二宮金次郎と理科室の窓から見えた剥製くらいだった。ダメ元で校舎に入り込めないだろうかと色々探検していると、勝手口のようになっている小さなドアに鍵が掛かっていないことを発見した。

もしかしたら、鏡に触ることができるかもしれない。期待が膨らむ。

忍び込んだ後者の廊下は暗く、しんとしていて、外に比べて随分涼しかった。

廊下を歩いていくと、突き当たりに鏡が放置されていた。

何故鏡だけ残っているのだろう。四人の映る汚れた鏡を見ながら不思議に思っていると、同行してきた兄妹のうち、兄のほうが不安そうに声を掛けてきた。

「軍手が切れてる」

彼は両手を広げた。両手に嵌められた軍手の、運命線の位置が切れており、切り口から肌色の手のひらが見えた。

「あ、僕も」

公孝君の弟も両手を広げた。全く同じ位置に大きな穴が空いている。何か鋭いもので切られたかのようだ。

兄妹の妹も手のひらを出した。やはりパックリと曲線を描いて軍手が切れている。

三人が不安そうに公孝君を見つめる。

手のひらを広げると、彼の軍手も同じ場所が切れていた。

四人は校舎を飛び出し、学校の敷地を駆け抜けた。

もう帰ろうと、兄妹とは別れて帰宅した。学校であったことを親に報告すると、かまいたちではないかと言われた。


新学期になった。夏休みの冒険について、あの兄妹と話をしようと思ったが、学校の何処にもいなかった。そしてラジオ体操のため、兄妹を毎朝迎えに行っていた家に確認しても、学校に行っている年齢の子はいないとのことだった。

本好き

学生時代、神谷さんは駅前のちょっと大きな書店でアルバイトをしていたことがある。

一階に雑誌と新刊。

上がって二階にコミック、絵本や児童書、文具のコーナー。

三階が文庫・文芸で、四階が専門書と洋書、それにバックヤードがある。

書店の仕事はその大部分が肉体労働である。

新刊本の整理や棚造り、分厚い雑誌への付録差し込み、本の詰まった段ボールの上げ下げなど体力を求められるが故に、若く、まだ腰に故障がない学生アルバイトは現場でも重宝されていた。

また、今でこそ電子書籍に乗り換えた本好きも少なくないだろうが、あの頃はまだまだ書店が元気だった。

書店に勤めるアルバイトは、同時に部類の本好きでもあった。

神谷さんもまた他聞に漏れず読書好きであったので、真新しい本に触れていられるというだけで、仕事にやり甲斐を感じられた。

この日は遅番で、店を閉めた後にも細かい仕事が残っていた。

返本予定の本を梱包し、明日から始まるフェアのためのポップを仕上げ、そんなことをしているうちに時間は過ぎた。

「神谷さん、後はレジだけなんで今日はもう上がっていいよ」

レジ締めは社員さんにお任せするしかないので、バイトにできる本日の仕事はここまで、と相成った。

「では、お先しまーす」

最上階のバックヤードを出て、エレベーターへ。

カゴに乗り込んで一階のボタンを押す。

ゴウンゴウンと静かな音を立てながら降りていく途中、扉の向こうから甲高い笑い声が聞こえてきた。

きゃはっ。ははっ。

ああ、これは知っている。

児童書やコミックのフロアで小学生がはしゃいでいるのだ。

図書館で騒ぐのはいただけないし、本来なら書店で騒ぐのだってどうかと思う。

しかし、大好きな本を見つけたとき、新刊を手に取ったとき、その話題で友達と盛りあがってしまったときの高揚感は知っている。

子供が書店で騒いでしまう、本を手に目をキラキラさせて思わず声が出てしまう、その気持ちは、未来の本好き仲間の萌芽を見るようで、決して厭ではない。

故に神谷さんは、店内で子供が騒ぐのは少しくらいなら大目に見ることにしている。

未来の本好き予備軍達の楽しそうなはしゃぎ声は、本屋勤めにとって希望なのだ。

だからちょっとだけ、いい気分になった。


家に帰ってから気付いたことがある。

正面玄関は閉めてあった。

フロアはとっくに消灯している。

閉店直後なら、追い出し漏れの客もいたかもしれないが、閉店時間は大分過ぎている。

そもそも自分は残業をしていたのであり、レジを締める作業の社員さん以外は残っていないような時間だ。

あの子供は——いや、でも、まさか。

翌日、出勤してからレジ締め作業をしていた社員さんに聞いてみた。

「昨日、退勤するときに児童書のフロアに子供さん残ってませんでした？」

社員さんは届いたばかりの新刊を開梱する手を止めて、言った。

「あー、やっぱり出るんだね、ここ」

さもありなん

馴染みの寿司屋で聞いた話である。

カウンター席に着くや、親方がこんなことを言った。

「バイトの梅ちゃんがね、何か怖い思いをしたらしいんですよ」

取るものもとりあえず、である。以下は梅ちゃんの談である。


この間、大学の友達と三人で肝試しに行ったんですよ。

行き先は、ええそうです、あの寺です。この辺りでは、まあ定番と言うか。

道路が山にぶつかってぷっつり途切れる地点に車を駐めて、そこから先は歩きです。

心霊写真が撮れると噂の電話ボックスを横目に、電灯もない、木々に囲まれた真っ暗な階段を、スマホの明かりだけを頼りに延々と上っていきます。もふもふと生えた苔《こけ》が、時に顔に見えたり、一段の高さがまちまちだったりして、私達はひいひい言いました。

百段、二百段。いい加減に息が上がります。階段を上りきったところには小さなお堂が建っていて、休憩がてら手を合わせました。

辺りはしんと静まり返っていて、虫の声一つ、葉擦れ一つ聞こえません。静けさに却って耳が痛くなるように思われて、けれども大声を出すのも何だか怖くて、小声で冗談を囁き合うのが関の山でした。

お堂の脇には小さな池があって、自分の死に顔が映るなんて噂もありましたが、濁っていて何も見えません。あるいはずらっと並んだ石仏に一瞬ぎょっとしたこともありましたが、慣れてしまえば何だこんなものかといった感じです。

最後にお地蔵さんと一緒に撮った記念写真にだって、幽霊は全く写りませんでした。

結局、元来た道をそのまま下りて、ふもとの広場でジュースを飲んでそのまま街へと引き返したのです。

翌朝。目覚めた私の目の前に、真っ青な女の顔があって息が止まりそうになりました。

よく見れば、一緒に肝試しに行った友人の顔です。そうだ、怖いから今夜はうちで一緒に泊まっていって、と言われたのだと思い出しました。

それにしても――目の下にはクマを作り、肌はカサついて、髪にも艶がありません。昨夜はこんなではなかったはずなのに、一体、何があったのでしょうか。

「……、……」震えるくちびるが、何事か訴えかけます。

「帰らないで」「ね、ね、もう少しだけいて」耳を近付けて、微かに聞き取れました。

けれども理由を訊いても、「声が、声が」と繰り返すばかりなのです。

起き上がった私はペットボトルのお茶を飲ませ、深呼吸をさせ、もう一度訊きました。

すると。

「布団に入ってすぐだと思う。急にね、来たの。手も足も、全然動かないの。何かが身体に乗りかかったみたいに、でも重たくはないんだけど。訳が分からなくって、怖くて。朝までずっとよ。でね、その間中ずっと、ずっとなんだけど――」

ずっと、何？　私は先を促しました。

「耳元で赤ん坊が泣いてるの。それも一人じゃなくて。大勢。えんえん、ぎゃあぎゃあ」

――何で赤ん坊が泣くんですかね。意味分かんない。これも怪談のうちですか？

梅ちゃんが、湯呑みを私に差し出しながら訊いた。私は答えた。

「あの辺り、子捨ての場所だったらしいですからね。そんなことも、あるのかも」

鮮やかに寿司を握っていた親方の手が止まった。

梅ちゃんは暫く、フロアに立ち尽くした。

108

僕も一緒に

「おい、タカシ。これ見たか」

友人が興奮気味に差し出したのは、先日手にしたばかりの卒業アルバムであった。

未だ身に合わぬ制服の袖先から伸びた指が、一つところを忙しなく叩く。

ひな壇状に座った児童の背後に聳《そび》えるは、学校のシンボルでもあるクロマツの木。

その陰から、見知らぬ少年が覗いている。白いランニングシャツに、切り揃えた前髪。

「え、これ誰?」

クラスはおろか、同じ学年にもこんな子はいないはずだ。

友人はそれに答えず、黙って二冊目のアルバムを差し出した。

同じ少年が、並んだ椅子の脚の間から、こちらをジッと見つめている。

あたかも、地面から直接首が生えているかのようであった。

「これ、兄ちゃんのアルバムな。いるだろ? でも、何年も前に死んでるんだってさ」

少年はそれからも、数年に亘りアルバムに写り続けたという。

今となってはその学校もなくなってしまったが、と還暦を迎えたタカシさんは語った。

そんなつもりでは

ちょっとした出来心だったのだ。後でＳＮＳにでも載せようと思っていたのである。気のせいだ、と貴方は言うかもしれない。では何故、連写したうちの一枚だけに写っているというのだろうか。

三つの点が逆三角形に配置されていると顔に見えてしまう「シミュラクラ現象」だよ、と貴方は言うかもしれない。では何故、こちらを睨《ね》めつけるその開ききった瞳まではっきりと分かるのだろうか。

水面に自分の顔が反射しているだけだよ、と貴方は言うかもしれない。では何故、自分は五分刈りなのに長髪の女も写っているのだろうか。

画面の中央には、足湯に浸かった自分の両脚。

その周囲に無数に浮かんだ老若男女大小様々な顔・顔・顔。

どうか良くないことが起きませんように、と念じた槇原さんは、震える指でスマホから画像を消去した。

そこに写った因縁は分からぬが、ともあれ、青森県での出来事である。

サバゲー会場

サバイバルゲームを通じて知り合った藤沢さんから聞いた話。

ゲームの休憩中に、次はどの会場でやろうかという話が出たので、戸隠の某はどうだろうかと、水を向けてみた。そこは廃業した旅館を再利用したサバゲーフィールドで、今までに何度か利用したことがあった。だが、その誘いに藤沢さんは苦い顔をしてみせた。

「俺、あそこだけは行きたくないんだよ」

「何かあったんですか」

「あそこさぁ。出るんだよ。知らないのか――？」


以前、藤沢さんは、そこでのゲームに参加したことがあった。以前何度か利用したこともあり、何事もなくゲームは終了した。

最後にメンバー全員で記念写真を撮り、解散となった。

その夜、藤沢さんが作ったＳＮＳのグループにゲームの感想や次はいつやるかなどのメッセージが流れてきた。

そのうち、『この前の集合写真です』と写真を撮った人から画像データが上げられた。

そのときは気付かなかったが、暫くするとメッセージの通知が頻繁に鳴り始めた。

『何か写ってますね　三階のとこ』

『心霊写真？』

『これヤバいのでは？』

次々と通知が届く。藤沢さんが保存した写真を確認すると、旅館の三階の窓に女の顔が横向きで写っている。全員が旅館を背景にして撮った写真だ。

写真を撮ったときに、メンバーは全員外にいて、旅館も施錠済みだったので人がいること自体あり得ない。大きさもおかしい。

どうしようかと思っていると、続いて数えきれないほどの通知が流れてきた。

『ヤバいヤバい』

『早く消したほうがいいです』

『女の人が動いてる！』

慌ててもう一度写真を見ると、女の顔が最初に見たときよりも正面を向いている。

これはまずいと思った藤沢さんは、保存した写真をすぐに削除した。

確認すると、ＳＮＳの写真も削除されていた。

冷製遺影

友人の祖母宅での話。

ある年、長患いしていた祖母が亡くなった。

その後、親戚が集まって祖母家を掃除していたところ、冷蔵庫は空っぽだったが、中には一枚だけ祖母の写真が入っていた。

「この写真どうしたの？」

新しい写真だ。フィルムで撮ったものを現像し、大判の印画紙にプリントアウトしたものだ。

親戚は皆首を振る。誰も心当たりがないのだろう。

続いて、叔母が電子レンジのドアを開けると、中から黒い縁取りの付いた額が出てきた。

中身は空っぽだったが、先ほどの冷蔵庫に入っていた写真とサイズが一致している。

遺影だ。

祖母と半同居していた叔母は、こんなものは知らないと半狂乱になった。

葬儀の間に誰かが忍び込んだとしか思えないというのだ。

祖母は頭もしっかりしていたし、もし写真を撮ったというなら、そのことを申告しているはずだ。

そもそも写真を写したのも誰だか分からない。

近所の人にも、介護の人にも撮影した人を知らないかと訊ねてみたが、誰も知らなかった。

写真は四十九日を迎えた頃に、薄くなって消えてしまった。

悪戯にしても度が過ぎていると、今でも親戚の間で話題になる話だという。

死にました

「友達の話なんで、ちょっと話すのも気が重いです」

山田君はそう言って教えてくれた。


彼の友人の明人君は、心霊スポットに行くのが趣味のような男だった。

大学に入ってすぐに取得した運転免許と、ローンで買った中古車が彼の枷《かせ》を外したと言っていい。休日だけでなく、平日ですら夜になると心霊スポットを巡り歩いたという。

彼は仲間と現地に行っては、集合写真を撮るのが常だった。

あるとき、「出る」と噂されているトンネルで写真を撮った。すると、明人君の腹部に黒く穴が空いているように写った。

その場で写真を確認した仲間は、カメラを変え、撮影者を変え、何度も写真を撮った。

だが、どの写真にも腹部に黒い穴が写る。さすがに気持ちが悪いとその日は帰った。

そして明人君は、その数日後に多臓器不全で亡くなった。まだ二十歳だった。

夫婦喧嘩は、犬は食わない

「そったら昔の話ば持ち出してどんだんずや《そんな昔の話を持ち出して何なんだ》」

「元はど言えばおめがらしゃべったんだべよ。《元はと言えばあなたから言い出したんでしょう。》ばがでねな《バカじゃないの》」

「何を、誰さ向かってそったら口利いちゃんずや《何を、誰に向かってそんな口を利いてるんだ》」

夫婦喧嘩は犬も食わない。が、かれこれ一時間以上はやり合っていただろう。

みずほさんも強情だが、夫も相当である。しかし生まれついた性分だから仕方ない。

有形力の行使こそないものの、毎度のごとく死闘が繰り広げられるのだ。

「まで《待て》、まで《待て》、一旦やめるべし《一旦やめにしよう》」

不意に、夫が言った。すんとして、さも何事もなかったかのような顔をしている。

「まだ話終わってねはんで《まだ話は終わってないから》」

みずほさんはまだ頭から湯気が立っている。そう簡単に終える訳にはいかない。

けれども夫は腕をぐいぐいと引いて、リビングを後に寝室へ連れていこうとする。

「ちょっと《ちょっと》、いぎなし《急に》、何《何》」

怒り冷めやらぬみずほさんをベッドに座らせて、夫が唐突にこんなことを言った。

「おじさんがや《おじさんがさ》、出だのさ《出たんだよ》」

ちょっと何を言っているのか、みずほさんには分からなかった。おじさんとは、誰だ。

「浪岡のや《浪岡のさ》。おらのとっちゃの《私の父方の》、ほれ《ほら》、二番目の《二番目の》……」

ツトムさんのことか。しかし、ツトムさんは数年前に亡くなったではないか。

「わがってらて《分かってるって》。おめもわど葬式さ出だっきゃ《お前も俺と葬式に出ただろう》」

では、そのツトムさんがどうしたというのだろうか。

「首がや《首がさ》。おじさんの首がや《おじさんの首がさ》。こう《こう》、」

左肩のほうへ、かくっと、ほぼ九十度に曲げて言った。やっぱり何のことか分からない。

「おめのわぎさ冷蔵庫あったべ？《お前の脇に冷蔵庫があったろう？》 そごの角から《そこの角から》、べろっと首だけ出できでや《ぬっと首だけ出てきてさ》」

そのまま、にいっ、と口角を上げて。

「にだらっと《にやっと》、おらのほう見ちゃあんず《俺のほうを見たんだよ》。おら《俺》、もう《もう》、おっがねぐでや《怖くてさ》」

なるほど、それは確かに気持ちが悪い。喧嘩などしている場合ではない。

了承したみずほさんは、納得してそのまま寝床に入った。

喧嘩の続きは、翌日改めてやった。

舌打ち

「よく、金縛りの最中に首を絞めにくるって話があるじゃないですか。以前、男性の知り合いからそんな話を聞いたんですよ」

確かに何度も聞いたことがある話だ。定番とも言える。体験者にとっては恐ろしい経験であることは疑いもなく、それ故に他人に話したくなるのだろう。


その知り合いは、夜中になると金縛りに遭うようになったと聞かせてくれた。

理由は分からないがお盆過ぎに都内に遊びに行ってから、毎晩金縛りに遭う。

時間はいつも判で押したように夜中一時である。

熱帯夜が続き、連日汗が滲《にじ》むほどなのに、部屋には冷気も流れてくる。

金縛りは、一週間に亘って連夜繰り返された。

その翌晩、午前零時半を過ぎてから一度布団に入った。今日も来るかと身構えていると、普段とは様子が違うことに気が付いた。

金縛りが始まった途端に、自分の上に微かな白いものが現れた。

白い着物にざんばら髪の女だ。

その女の細腕が東雲さんの首に掛かった。初めての心霊体験に怖くて堪らない。

身体も動かないので、女の様子を見つめるしかできなかった。

だが、喉をぐいと押される感覚は伝わってくるが、絞められているという感じではない。

「ちっ」

舌打ちが聞こえた。女を見ると、こちらを蔑むような目で見下ろしている。

その視線にどきりとした。

その直後、女は立ち上がるようにして消えた。


「いやぁ、太ってて良かったよ。あれはね。多分太すぎて手が首に回り切らなかったんだと思うんだよね。太すぎるっていいよね」

体格のいい彼は笑いながら付け加えた。

「また出てきてほしいんだよね。あの目がさぁ。こう、見下す感じて良かったからね」

だが、彼はそれ以降金縛りには一度も遭っていない。

猪口被衣

目の端で何か動いたような気がした。

目線をやった机の上、大人の手のひらよりは少し大きめの何か。

着物を着た女の子だ。虚無僧のようにお猪口を頭に被っている。

それがゆらり、ゆぅらり、歩いている。足元が覚束《おぼつか》ないというか、歩くのに慣れていない、そんな感じで。

危なっかしくて転ばないかとハラハラしていたら、ぐらりと身体が傾いで。

「あっ」

落ちた。

急いで机の下を見たが、女の子は何処にもいなかった。

女王と従者

――Ladies and gentlemen, welcome aboard the TOHOKU-SHINKANSEN. This is the YAMABIKO superexpress bound for……

二〇二一年、冬。北へ向かう列車での出来事と聞く。

一人旅の阿久根さんは、進行方向左手、二人掛けの窓側シートに腰を落ち着けた。見慣れたはずの都内の街並みも、高架を走る車内から見下ろすと新鮮である。

カッカッカッカッ……！　鳴らす足音もけたたましく、誰かが通路をやってくる。

上野から乗り込んできて恐らく自席を探しているのであろう、真っ白なロングコートに真っ赤なハイヒールの若い女性が香水の匂いを振り撒いてうろうろしている。

半歩ほど空けた真後ろには、形の古いモスグリーンのスーツを着た男性がぴたりと付いて、共に右往左往する様はあたかも従者のようであった。

やがて女性は大きな溜め息を吐いて、どっかと大げさに腰掛けた。阿久根さんはそれを視界の隅でちらりと捉えていた。

大宮を出ると列車は速度を上げる。それにしても、先ほどから漂う香水の匂いがきつい。ちらりと様子を窺えば、三人掛けのシートの真ん中でリクライニングも最大にふんぞり返り、何やら携帯電話をいじっている。両隣のシートにはショルダーバッグに化粧ポーチをわざわざ座らせ、衛兵を従えた女王を思わせた。

そういえばあの従者の姿が見当たらない。大方、女性に飲み物を望まれ、車内販売のワゴンを探しに走らされているのだろう。女王気取りでいい気なものだ、と阿久根さんは思った。

宇都宮、那須塩原を越えた辺りから、車窓の景色は白く塗られ始める。まばらな人家の向こうには見知らぬ山河が幾つも姿を見せ、自らの生活圏の外に来たことを阿久根さんは実感した。

「あははは っ、そうなのぉ。ちょっと気分転換? に、旅行でもと思ってぇ」

女王が不必要に張り上げたダミ声が、車内の空気をびりびりと震わせる。

乗客もまばらとはいえ、非常識が過ぎる。旅情をぶち壊された苛立ちが重なる。

注意してやろう、と義憤に駆られて立ち上がった阿久根さんであったが、すぐにストンと腰を下ろしてしまった。

何だ、あれは。

女王の膝に掛けられたコートから、手が生えている。

女王のものではない。手は携帯電話と缶ビールに伸びている。

けれども、ちょうど足の間辺りからにょっきりと出てきた腕が、ぱっつり膨れた女王の腹を引っ掴まんともがいている。肘から先だけのそれはモスグリーンの袖を纏い、生身の人間のように血色が良い。

コートの下に誰かが潜り込んでいるということは、状況から見てもないだろう。

あの従者だ、と阿久根さんは直感した。何処までも、女王に付いていく気なのだ。

いつまでも、何処までも。時間、距離もはや従者には関係ない。恐らく、きっと。

阿久根さんは郡山で降りてしまったので、その後の「二人」の行方は知らない。

怒りの視線

岩手県沿岸部での話。

和夫さんの職業は漁師と大工を兼業している。それは彼の父や祖父も同じだという。そのためか大変信心深く、今では迷信と思われるような昔からの決まりごとも、とてもよく守っている。

彼には、子供の頃から普通の人には見えないものが見える。しかし、ただ見えるだけで、他にどうすることもできない。

あるとき、知人から大工仕事を頼まれて、空き家に手を入れることになった。

現場に着くと、何者かの視線を感じる。恐らくは人。いや、かつて人だったもの。

そのときは、大して気にもしていなかった。視線自体はよくあることだからだ。

だが、屋根に上がって修繕作業をしていると、急に何かに引っ張られて、地面にまで引きずり落とされた。

庭に倒れて呻《うめ》いていると、一緒に作業していた仲間の大工が駆け寄ってきて、大丈夫かと声を掛けてくれた。

骨に異常はない。落ちたときに咄嗟《とっさ》に受け身を取ったのが良かったのだろう。

「うん。多分大丈夫だ」

よろよろと起き上がる。そこで異常に気が付いた。片目が見えていない。

視野の半分が真っ暗だ。

思い返しても、目を打ったり頭を打ったりということもない。

幾つかの大きな病院で精密検査をしても、異常が認められなかった。

だが現実には片目が見えていない。

そこで昔から懇意にしている霊能力者に相談して、お祓いを受けた。儀式の間中、掛け軸がバタバタと派手に音を立てて舞っていたのが印象に残っている。

結局お祓いでは、視野は戻らなかった。

霊能者曰く、引っ張った何かがとても怒っている。そのせいで、見えないらしい。

あれから数年経ったが、現在も回復はしていない。

「仕事先での話なので、俺に怒られてもなぁ――」

ぼやいてはみても、目は元に戻らない。

今も片目は不自由なままだ。

さらし首

都内の女子大に通う、まどかさんから聞いた話。

彼女が今住んでいるのは、大学から徒歩圏にあるアパートだという。ただ、彼女はまだ入学して一年しか経っていないのに、そのアパートを引き払おうとしている。

理由を訊ねると、暫く言い淀んでいたが、まぁ、いっかと呟いて教えてくれた。

「アパートの外廊下が嫌なんだよね」

雨漏りでもするのか、他の住民が荷物でも放置しているのかとも思ったが、そうではないという。

「あたしの部屋は二階なんだけどさ、廊下には金属の柵が嵌まってる訳。で、夜に学校とかバイト終わって帰ってくると、そこに並んでるの。それが嫌」

あー思い出しちゃったと彼女は言って、自分の二の腕を手のひらで激しく擦った。

鳥肌が立ったらしい。

彼女が落ち着くのを待って、一体何が並んでいるのかを訊いた。

「首。生首」

外廊下の金属柵の上に、生首が幾つも並んでいるのだと彼女は語った。

どれも別に恨みがましい顔をしている訳でもなく、日によっては廊下の外を向いていることもある。皆男性で、彼女と同世代の者もいれば、中年男性もいる。彼の薄くなった後頭部を見ると、可笑しさと憐れみを感じなくもない。


まどかさんは行きつ戻りつそんな話を教えてくれた。

絶句していると、彼女は続けた。

「その首の持ち主、みんな生きてるんだよね。だから生霊っていうの？」

首は皆、彼女が振った元彼達のものだという。

ただ、彼女は最後まで、具体的に何人分の首が並んでいるのかは教えてくれなかった。

クソダサい

「お父さんいつ帰ってきたの？」

隣に立つ姉に、そう耳打ちすると、姉は「知らない」と言って小さく首を振った。

ぱつんぱつんなオレンジ色のTシャツに、蛍光緑色の短パンという、およそ美的感覚からかけ離れた姿をしたお父さんが、ぬぼーっと洗面所に立っている。

キッチンに立って朝ごはんを作っているお母さんのほうに視線を向けたまま、一言も発さずにジッとしている。

お父さんは、単身赴任のため大阪で過ごしている。神奈川県の我が家からは、新幹線を使っても数時間掛かる。そもそも今日は平日だ。仕事だってあるだろう。

キッチンのお母さんと洗面所のお父さんを交互に見て、姉をもう一度振り返ると、彼女は「あ、消えた！」と大声を上げた。

その声にお母さんが驚いて、何があったのと訊いてきた。

「あのね、今、洗面所にお父さんが——」

そう言いかけて、洗面所を確認すると、お父さんの姿は消えていた。

「今、すうって感じに消えちゃった」

そう言いながら、姉は手に持っているスマートフォンで電話を掛け始めた。

「あ、お父さん?」

通話先はお父さんらしい。

「あのね、今お父さんこっちに来たけど。うん。何か来てた。知らないじゃないよ」

お母さんのほうを向くと、彼女もその会話に興味津々なようだ。

「うん。でね。オレンジのTシャツにドハデな緑色の短パンは、クソダサいからやめたほうがいいと思う——」

姉が冷静な口調でそう言うのを聞いて、お母さんと二人で吹き出したという。

同居人のこと

美鈴さんが、かつて一緒に暮らした彼女についての話である。

きりっとした目で、ちょっときつめの顔をした美人であった。

ショッキングピンクの服が、その顔と、ベリーショートの髪によく似合った。

猫が苦手で、美鈴さんの膝に猫がいるうちは一切近寄ろうとしなかった。

出会いはある日突然に。とあるショッピングモールに出かけて――。

帰ってきたら家にいた。


――普段は、ほんと何もしないんです。意思もなく、ただそこにいるって感じで。

でも、夜中トイレに座っていて、急に天井からぶら下がってきたときにはさすがに驚きましたよ。すぐ目と鼻の先に、ぐるんって、顔が逆さに近付いてくるんですもん。

足、見えないのに。ぶら下がれるんですね。けらけら、楽しそうに笑ってましたよ。

暫く経って、そのショッピングモールを再訪してからは見なくなりました。多分、帰ったんじゃないですかね？　うち、他にも「いる」ことがあるんで、気にしないです。

あの夏の思い出

看護師を務める真壁さんが、その日何度目かの深く大きな溜め息を吐いた。
先日から、体調が悪いのである。頭も重いし、肩も重い。いや、全身が妙にだるい。
あなた顔色悪いわよ、と師長に言われた。同僚にも、言われた。
しかし、平熱である。呼吸、血圧、脈拍とも異常なし。バイタル正常。
先週大船渡へ行ってからずっとこうなのだ、と思った。
息子が空手を習っている。大船渡で、夏稽古があった。
街中ダンプだらけで危ないし、食事を買う店もまだ開いていまいと付いていった。
エイ、エイと浜辺でやっている間中、自分も一緒にそこにいた。
けれども、水分、塩分補給とも万全であったからして、熱中症ではあるまい。
そもそも熱中症であったなら、症状は一週間も長続きしない。

プルルルルルル！　電話が鳴った。急患の受け入れである。
いつまでもこうしてはいられない。真壁さんは頭を切り替えた。

救急隊員がストレッチャーを押してくる。脇では先輩が容体の引き継ぎを受けている。見た目にも重篤な状態と分かる。救急科の専門医が呼び出され、駆けつける。

救急隊員が、看護師が、医師が患者を取り囲む。

まずは処置台も兼ねた、院内搬送用のストレッチャーに患者の身体を移す。

頭部と脚部に一人ずつ、左右の体側に二名ずつ配置に付く。

「イチ、ニ、……サン！」

声を合わせ、患者の背中に回した腕に真壁さんがぐっと力を入れたそのとき。

ずるずる、ずるずるずるずるずる。

太い蛇がのたうつようであった。背中から肩、肩から腕へ。腕から肘、肘から指へ。

目には見えない「重たいモノ」が、肌を撫でつつ這っていく。

患者を移乗し終えたときには、それは真壁さんの身体をすっかり通り抜けていた。

そして先日来悩まされていた身体の不調は、不思議なほどに一掃されていた。


——あれは一体何だったのか、私には知る由もありません。

患者さんのその後ですか？　それは、訊かないで下さい。

そう言って、真壁さんは静かに俯いた。二〇一一年の、夏のことである。

鉄串

買い物帰りに雑木林の残った空き地の横を通り過ぎようとした。そのとき、何故か立ち止まらないといけないような気がした。

立ち止まって周囲を確認する。

そういえば先日亡くなった母親が子猫を拾ってきたのは、この辺りだったはずだ。

足元に視線を落とすと、ひび割れだらけの舗装からは雑草が顔を出している。

そこに細長い錆びた串のようなものが落ちていた。

何だろうと思いながら、その鉄串らしきものを拾い上げた。

千枚通しの先端か何かだろうか。それは長さが十五センチほどもあり、片方は断ち切ったような断面を見せている。

こんなものを拾うつもりはなかったのに。

捨てて帰らねば。

——あれ？

買ったものが入ったエコバックが足元に転がっている。どうしたのだろう。

串を拾ったときに肩から滑り落ちたのだろうか。

拾わなきゃ。

膝を下ろしていったところで、自分の目の前に何かがあることに気付いた。

これは何だろう。

何で目にどんどん近付いてくるのだろう。

これ、どうなっちゃうのかな——。

そこでハッと正気に戻った。

エコバックを拾おうとしながら、今拾ったばかりの鉄串で、目を串刺しにしようとしていた。

背筋が寒くなり、鉄串を遠くに投げ捨てて周囲を見回す。

片目の潰れた黒猫が、目脂《めやに》だらけの黄色い瞳で、ジッとこちらを見ていた。

開かれた戸

長田君は常々「怪談に興味はない」と喧伝《けんでん》している。一方でその割に、怪談好きの先輩である佐伯さんに、屡々《しばしば》怪談めいた話をしてくる。

ある春先の日にも、彼は佐伯さんの家にやってきて言った。

「この前、金縛りになって怖い目に遭ったんですよ」

佐伯さんは、怪談好きな反面疑り深いところがあり、金縛りは大抵疲労によるものだとは思っている。だがとりあえず話を聞くことにした。

まだ肌寒い時期のことだったという。長田君は暖房を入れたまま布団で寝ていた。

すると夜中に目が覚めた。

身体が動かない。

金縛りだ。

経験がないので、どうしたらいいか分からない。

戸惑っていると、部屋の引き戸がスーッと開いていく。

辛うじて顔だけは動かせるので、何か入ってくるのかと扉を凝視した。

すると、飼い猫がそこから入ってきた。

何だお前か、と安堵するが、次の瞬間、心臓を鷲掴みにされた。

猫の後ろから髪の長い女らしき影が入ってくる。

「何だお前」

上手く動かない口で叫ぼうとする。

女は「ばれた？」と口の端を歪めた。

その直後、女は馬乗りになって首を絞めてきた。

息ができない。このままでは殺されると、必死で身体を動かそうとした。その甲斐あって、右腕が動いた。女を振り払った。だが腕は空を切ると、床にぶつかった。

その痛みで目が覚めた。

——夢だったのか？

右手は肘を曲げた状態で、夢と同じように布団からはみ出して、床に触れていた。

引き戸に目をやると、引き戸は確かに開けられていた。

暖房を入れておいたので、確かに閉めておいたはずなのに。

その話を聞いた佐伯さんは、確かに怖い話だと前置きして、疑問点を訊ねた。

長田君は猫を飼っている。

従って、単に飼い猫が戸を開けて入ってきただけで、女が入ってきたのは夢だったというだけではないのか。

佐伯さんが訝《いぶか》しんでいる様子を察した長田君は、佐伯さん宅の引き戸に手を掛けて、拳一つほどの隙間を空けた。

「猫って、入ってくるときこのくらい開けるじゃないですか」

「そうだね」

佐伯さんも、恐らく目が覚めた際は、このくらい開いていたのだろうと想定していた程度の幅だった。

「でもね。俺が目覚めたときにはこれくらい開いてたんですよ」

長田君は引き戸の片方を殆ど全開にした。

「猫、こんなに扉開けないですよね？」

女の話はともあれ、何か変なことは起きていたのであろう。

佐伯さんもそれには返す言葉がなかった。

セミと黒猫

ある年のこと、金城が自室で居眠りをしていると、急に大音響でセミが鳴き始めた。

彼はその余りの騒がしさに驚いて飛び起きた。

だが、セミなど何処から入り込んだのか見当も付かない。

ここ数日エアコンも入れっぱなしにしているし、外に出るのも億劫なので、部屋は閉め切りの閉じ籠もりっぱなしである。だから闖入者《ちんにゅう》が外から入れるはずはない。

とはいえ、この騒がしさはどうにかしないといけない。

セミはカーテンに留まったまま、鬱憤でも晴らすような大声で鳴き続けている。こやつめをどうやって追い出してくれようかと思案していると、今度は畳とカーテンの間の隙間から黒猫が現れた。

これも何処から入り込んだのか、とんと見当も付かない。

だがそれからが大変だった。

黒猫はセミを追いかけ回して大暴れ。セミは逃げ回って大騒ぎである。どうにもできずに金城が呆然としていると、急に部屋が静かになった。腹がちぎれ、両方の羽のもげたセミが、部屋の隅に転がっていた。セミは最後にジジと小さく鳴いて息絶えた。

黒猫の姿ももうなかった。

そのセミは、「夏の思い出」と名前を付けて紙箱に入れておいたが、ネズミか何かが引いたのか、その年の年末頃にはいつの間にか箱ごとなくなっていた。

魚屋奇譚

知り合いの魚屋の鉄さんから聞いた話。

終業後に出たアラは、店の中に置いておくこともできない。臭いが酷いからだ。

だから深夜にバケツで外に出しておくことが多いのだという。

臭いが強烈なため、動物も滅多に寄ってこない。だが、寄ってくるものもいる。

多くの場合、野良猫だ。


あるとき、鉄さんの知り合いの仁さんという年配の魚屋さんが、このアラを狙ってくる野良猫に悩まされていた。

周囲を汚されては堪らないと、仁さんは毎度棒を振り回して猫を追い払っていたらしい。

彼は気の荒い人で、頭に血が上ると自制が効かなくなる。

そのときも興奮していた仁さんは、猫を棒で思い切り殴ってしまった。

猫はぎゃあと鳴くと、よろけながら姿を消した。

暫くして、仁さんはあの猫が死んでしまったと、人づてに聞いたらしい。

「それから仁さんおかしくなっちゃったんだよ」

棒で何もない空間を叩く。

猫の声がすると奥さんに訴えかける。猫の声なんてしませんよと奥さんが言っても、あの猫が店にいると、目をキョロキョロさせて落ち着かない。

猫の祟りではないかと、お祓いにも行ったが効き目はなく、奇行は続いた。

だが、それもある日を境になくなった。

代わりに、彼は人が変わったように大人しくなり、魚屋も辞めてしまった。

仁さんが廃業して暫くしてから、鉄さんが彼の元に顔を見せたときに、奥さんが言った。

「魚屋を辞めてから、毎日お魚を食べたがるのよ。店をやってた頃は、三食魚は嫌だってごねてたのにね。まるで別人みたいで怖いわ」

アラ屋

その地域には、アラ屋という職業がある。魚屋で出る〈アラ〉を回収するのだ。魚の内臓や鱗、骨などは無闇に捨てることが許されていない。故にアラ屋が夜に回収して回る。

何故夜かと言えば、その強烈な臭いが原因だ。

そんな、アラ屋の男性から聞いた話。


「たまにな、回収して走ってんだろ？　そうすると、小さな赤い光がちらちら追いかけてくんだよ。最初は魚の人魂か？　って思ったんだけどよ」

男性はそんなことねぇよなと笑い飛ばした。

「でもありゃ、腹減らしたナニカだよ。あの強烈な臭いに寄せられてんのかね。車を停めて回収するだろ。そうすると、我先にと車の荷台に入り込んじまうのよ。人か動物かは分からねぇが、どんどん集まる日があってなぁ」

そんな夜は、荷台がちらちらとイルミネーションでも点けたように光って、大変目立つのだという。

「通りすがった知人に、お前デコトラやってんのか？　とか言われちまってよ。でもまぁ、最後は焼却場で燃やされるんだから、成仏してんだろ」

別れ際に、彼は思い出したように付け加えた。

「ただなぁ、あんな内臓とかを狙ってる奴だ、質が悪いって気もすんのよ。ヤバいときもたまにあるからな。具体的にだって？　それはまた今度教えてやるよ」

そう言い残して、彼は仕事に戻っていった。

それ以来、彼にはまだ会えていない。

アラ喰い少女

後ろの荷台に魚の臓物を放り込んで運転席へ戻ると、何故か助手席には女の子が座っていた。

肩を過ぎる程度に伸びた髪。

年齢は、十歳くらいか。

濃い鼠《ねずみ》色の和装。

アラ屋の仕事は基本的には真夜中に車で行われる。

こんなところに子供がいること自体がおかしい。

しかも、彼女は何かを一心不乱に頬張っている。

くちゃくちゃという音を立てながら咀嚼《そしゃく》しているそれは、独特の鼻を衝く臭いを放っている。

本来ならば荷台にあるべきもののはずだ。

これは普通の子供ではない。そう直感した。

横目で見ることすら憚《はばか》られたが、仕事は続けねばならない。

ハンドルを握って平静を装いながら運転を続ける。

少女を乗せてからどのくらい経っただろうか。

やっと心ゆくまで食べ終わったのか、少女は満足そうな顔を見せて言った。

「馳走になった。礼はしよう」

少女の姿は蝋燭《ろうそく》が消えるように見えなくなった。

ほっとした。心の何処かで、もし少女が人間だったらどうしようという気持ちも残っていたからだ。誘拐にならなくて良かった。

車内に残った強烈な臭いには暫く悩まされたが、それから二月ほどの間、趣味のパチンコでは負けなしだったそうだ。

命日

子供の頃住んでいたのは、二階建ての古いアパートだった。正確に言えば、小学校入学から中学までをそこで過ごした、のだが。

とにかくそこは水回り限定で不思議なことが起こった。台所に立つと視線を感じる。食器や調味料の容器が勝手に場所を変える。そんなことがしょっちゅうあった。

極めつけは、水の入ったバケツが目の高さまで持ち上がったこと。

そのままストンと床に下ろされたバケツに、母親と二人、唖然と顔を見合わせたのを覚えている。

それが日常であったため、他所の家もこれが普通なのだろうと思っていた。だからきっと、取り立てて珍しくもないのだと。

小学校に入って初めての夏休み。蒸し暑い夜だった。

草鞋《わらじ》の紐を締め、身支度を調えて深呼吸する。やっと、やっとだ。

捜し続けて、死ぬまで見つけられない者もいると聞く。それを考えれば、国元を離れて数年で巡り会えた自分は運が良かったのだ。

逸《はや》る気持ちを抑え、表長屋から路地を抜けて井戸のある広場へ向かう。夜が白々と明け始めた頃、目指す相手を視界の端に捉えた。

周囲に人影はない。

振り返った男に名乗りを上げ、身構える。じりじりと間合いを詰める。大上段に構えて刀を振り下ろす。払い退けられた。心拍数が上がる。

斬りかかるたび、容易《たやす》く躱《かわ》された。強い。何とかしなくては。

焦りに一歩足を踏み出した瞬間、肩に熱い衝撃を受けた。思わずよろけて何かにぶつかった、瞬間。

視界がぐらりと反転する。足が宙に浮いた。

——落ちる！

全身を打つ痛みと冷たさに、急激に体温が下がる。目を開けた先に見えたのは、四角く切り取られた——空間。

肌掛け布団をはね除けて飛び起きた。バクバクと心臓の鼓動が激しい。一瞬自分が何処にいるのか分からなかった。

熱帯夜だというのに、身体中を冷たい水が纏わり付いているような気がした。辺りを見回して、全て夢だったことに安堵する。

そうして唐突に理解した。

そうか、――俺はここで死んだのだ。

仇《かたき》を討つはずが返り討ちに遭って、追い詰められて井戸に落ちた。そのまま忘れ去られてしまった。今日は俺が死んだ日なのだ、と。

以来、毎年七月のその日になると、寸分違わず全く同じ夢を見た。それは高校進学とともに引っ越すまで続いた。

そこを離れてからは、一度もその夢を見ていない。

夢の内容は今でも鮮明だ。ただ引っ越してからというもの、死んだ日がいつだったのかをどうしても思い出すことができないでいる。

それでも、天寿を全うし空へ還るそのときは七月なのだろうと、何となく思っている。

後悔先に立たず

仙台駅前、アーケード。東二番丁、大通り。横断歩道、信号待ちの人の群れ。
青信号、踏み出す一歩。人波分けた、その先に。
ゼブラの真ん中、あぐらの男。スーツ姿に、似合わぬ裸足、無精ひげ。
邪魔なものよと、身を躱す。躱した直後、視界の隅。
グレーのスーツ。薄茶けた袖口。浅黒い素足。紫の爪。
「見えてるんだろ」「見えてるんだろ」「見えてるんだろ」どれだけ歩みを速めても。
「見えてるんだろ」「見えてるんだろ」「見えてるんだろ」何処まででも付いてくる。
「見えてるんだろ」「見えてるんだろ」「見えてるんだろ」「見えてるんだろ」
——後悔、先に立たず。

バーフバリ

神奈川で一人暮らしをしていた朋美は、今の部屋に引っ越した途端体調を崩した。

なかなか復調できずにいたある日、東京の友人が彼女の部屋に泊まりがけで遊びに来た。

「ねえ、ここ変だよ」

翌朝、友人はそう訴えた。

夜中に廊下から沢山の人が部屋の中に入ってきて、寝ている自分と朋美を取り囲んでいた。ここ気持ち悪い、と。

勿論、玄関は施錠している。勝手に入ってこられる訳がないのだが。

そういえば、と思い出す。廊下に時々泥や水で足跡が付いていた。引っ越してきた直後から気にはなっていたのだ。

仕事の関係でここに引っ越してきた都合上、すぐまた別の場所へ移動という訳にもいかず、別の友人の伝手《つて》でお祓いができる人を紹介してもらうことになった。

「お前は戦う前から霊に負けている。元気が出るから観るといい」

その友人とお祓いの日程をすり合わせていたとき、そう言って彼女はあるインド映画を薦めてきた。見事にハマった。挙げ句、映画の劇中歌を丸暗記して歌えるまでになった。

そしてお祓いの日が来るまで、怖さを紛らわすために連日あらん限りの大音声でその劇中歌を歌った。歌いまくった。よく隣室から怒鳴り込まれなかったものだと思う。

一週間ほど経った頃、朋美の部屋の前だけ足跡が付かなくなった。それに伴って体調不良も改善した。

そのうち、マンション全体が暗い感じだったのが嘘みたいに明るくなった。今はすっかり普通のマンションだ。そうなって初めて分かったことがある。

今思えば、あれが「如何にも出そう」という雰囲気だったのだ、と。

交差点

首都圏の二桁国道での話だという。

佐川さんはその朝、引っ越してから何度目かの車出勤で、初めて渋滞にハマっていた。

こんなに混むなんて聞いていない。

事故渋滞か、何か他の原因か。

待っていても、人が歩く程度の速度でしか進まない。

——遠回りになるけど迂回するか。

本線から交差点に入るために脇道に逸れる。

運転席の右手には、佐川さんが曲がろうとしている道を跨ぐための高架橋のコンクリ壁が聳えており、そこには色とりどりのグラフィティが描かれていた。

その先は金網が張られており、高架の下は資材置き場になっているようだった。

あ。

佐川さんはそこで目を逸らした。

その金網の間に何人も〈溜まって〉いる。

そのとき、ずっと先にある信号の色が変わった。

車はゆっくりゆっくり金網に近付いていく。

窓は閉まっているが、車にブラインドはない。

だから目を逸らすしかない。

排ガスに混じって、わずかな腐臭が届いてくる。この世に留まり続けている死者から発される、こちら側とあちら側の端境の匂い。

佐川さんは、そういう匂いに敏感だ。

つまり死の臭いだ。

早く通り過ぎてしまいたいが、前の車の速度が上がらない。

イライラする。

結局、ナメクジが這うような速度のまま、じりじり進んだ。

交差点を抜ける直前、〈死亡事故発生現場〉の立て看板が視界に入った。

良くない目玉

南向きの縁側から朝陽が射し込む。

アパートの六畳間に漂う、トーストとコーヒーの薫り。

「目玉がなぁ……。良くないわ、やっぱり、うん」

皿に乗った目玉焼きを突きながら小金井さんが言った。

「あれ、固焼きのほうが良かったっけ。ごめん、私の趣味で半熟」

ジャムの小瓶をスプーンで掻きながら、部屋の主たる矢田さんが返す。

「いや、そうじゃなくてね……」

急に声を潜めた小金井さんが、辺りを窺ってから身を乗り出した。

視線の先には、台所。カラカラと音を立てる、換気扇の三枚羽根。

——ゆうべ、夕食後にここで本を読んでたじゃない。矢田っちは仕事してたけど。そのときにね、換気扇の辺りから視線を感じたの。こっちを睨めつけるようなね。

全然、気が付かなかった。この界隈で覗き魔が出るなんて、聞いたこともないし。

——でね。私、変質者なら文句言ってやろうと思ったのよ。そしたらね。湯気の立たなくなったコーヒーカップを置いて、小金井さんが言った。

——変質者なんかじゃなかった。人間ですらなかったよ。羽根の隙間からね、でっかい目がこっちを覗き込んでるの。換気扇よりももっと大きい目玉。黒目と白目が、ちらちら、ちらちらしてるの。

一体小金井は、何を言っているのだ。何者の目玉だというのだ。

——私にも分かんないわよ。でも、あれは良くないと思う。何かこう、小さな獲物を品定めするような、そんな目だったもん。矢田っち、暫く気を付けたほうがいいよ。

「気を付けろって、何にどう気を付ければいいのよ。というか、そんなの見たならその場で言ってくれたら良かったじゃない！」

長い付き合いだというのに、薄情ではないか。言葉にも力が入る。

「だって、もしあんたも同じもの見たら、何かいるの確定じゃん。言い逃れできないよ。それに夜中に二人っきりでそんなの見て、そのままこの部屋にいられる？」

それもそうだ。もしかすると、もしかすると小金井の見間違いかもしれない。

そういうことにしておこう。そして小金井の目玉焼きは、固焼きにしておこう。

変なおじさん　その1

「矢田っちさ、さっきおかしいおじさんがいたんだけど」

「何それ。おじさんなんて何処にでもいるでしょ」

「このアパートの目の前に、交差点があるじゃない」

「あるけど。近所のおじさんなんじゃないの？」

「白いランニングシャツに、ステテコ履いてさ」

「随分昭和な感じね。でも別に悪いことしてる訳じゃないし」

「でも、道にいなかったのよ。おかしいわよやっぱ」

「道にいないで、何処にいるのよ。そこの交差点なんでしょ」

「カーブミラーには映っているのに、道にはいないのよ」

「何それ、そんなのおかしいじゃない」

「だから、おかしいおじさんがいたって言ってるじゃない」

小金井さんは時折、変なものを見る。

変なおじさん　その2

「矢田っちさ、さっきおかしいおじさんがいたんだけど」

「何よ。また、カーブミラーにだけ映ってたの」

「違うわよ。生け垣から、脂ぎった顔でこっち覗いてるのよ」

「生け垣って、うちのアパート出たとこの？」

「そうそう、路地の向こう側にあるじゃん。あれよ」

「ああ、そのおじさんなら知ってるわよ。挨拶したこともあるし」

「頭だけ出してるのよ。日光浴する猫みたいに、目細めてさ。気持ち悪い」

「あそこのおじさん、背が低いからそう見えるんだって。というか失礼よあんた」

「だって、生け垣の上にぽつんとボールみたいにさ。首だけ載ってるのよ？」

「何それ、そんなのおかしいじゃない」

「だからおかしいおじさんがいたって言ってるじゃない」

小金井さんは時折、変なものを見る。

キャンプとお祓い

ある日のこと、金久保さんは東京に出たついでに、いつもお世話になっている占い師を訪ねた。彼女は家族の写真を取り出し、家族のこれからのことを鑑定してもらった。

その日の鑑定は順調に進み、残り時間がわずかになったときに占い師が言った。

「妹さんのことはいいの？」

突然のことに何のことか訊き返すと、妹さんの写真に男が二人写り込んでいるという。

占い師は、金久保さんはそれを相談しに来たのかと思っていたらしい。

金久保さん自身には男の姿は見えなかったが、占い師のことは深く信頼している。

ならば、地元に戻ったら妹に伝えなくてはと思った。

「簡単なお祓いの方法を教えるから、妹さんには、それをやってもらうといいと思う」

そうして教えてもらった方法は、それほど難しくないものだった。

話を聞いた金久保さんは、地元に戻ってから妹と連絡を取り、最近何か変なことがないかと訊ねた。するると彼女は、キャンプに行ってから、体調が悪いのだと告げた。

実際に不思議な体験もしたらしい。それ以来ずっと、悪寒と倦怠《けんたい》感が取れずに困っているとのことだった。

金久保さんは、一体何があったのかと妹に訊いた。

「あのね、場所は松本の美鈴湖なんだけど——」

数カ月前の夏休みのこと、家族が友人家族とともに、信州松本の美鈴湖にあるオートキャンプ場を訪れたのだと言う。大人六人、子供九人の大所帯だ。

バーベキューも食べ終わり、個々の家族ごとにテントで眠りに就いた。

その夜のことだ。就寝中、背後から誰かが抱きついてきた。子供かと思って振り返ってみたが、家族は皆寝静まっている。そこには誰もいないのに、背中のすぐ真後ろに人の気配がする。気持ち悪いが、見えないのだから気のせいだろう。そう自分に言い聞かせながら朝まで過ごした。

朝を迎えて皆で朝食の準備をしているときに、テントの前に青い服を着た男の子が一人立っていた。他のキャンプ客の子かな。テントの場所が分からなくなったのかなと思って声を掛けようとすると、その子はいつの間にかいなくなっていた。

「何か一人分多いんだけど」

友達にそう声を掛けられてハッとした。何故か子供の分を一人分多く作ってしまっている。何で一つ多く作っちゃったんだろう、などと話しながら食事を摂った。

周囲を見回すと、他の客はいない。

「あれ、あの青い服の子は？」

「俺達しか客いないぞ。青い服の子って何だ？」

旦那さんからそう言われて、妹は一体何処の子だろうと首を傾げた。

その後、テントを畳んで、後片付けをし、それぞれ家族ごとに別の車で帰路に就いた。

子供達が寝てしまったのを確認した後で、助手席から旦那さんに話しかける。

「実はテントの中で昨日の夜誰かが抱きついてくるような感覚があったんだよね」

すると、旦那さんは「お前もか」と答えた。

「夜中の二時過ぎに一旦目が覚めてさ、タバコを吸いに一人で駐車場に行ったんだ。車の運転席で一服していたら、暗闇からテントを組み立てるハンマーの音がずっと響いていたんだよな。音のするほうは明かりが何もないし、今日起きたら俺達以外のテントはないし、ちょっと不思議に思ってたんだ——」

「そんなことがあってから、もうずっと体調が悪くて、毎日しんどかったの」

勿論、その青い服の子や、テントを組み立てる音が体調に関係しているかは分からない。

それでも金久保さんは占い師の告げたお祓いの方法を妹に伝えた。

「塩と酒を入れた風呂に手鏡と一緒に十分間浸かり、その後手鏡は布に包んで叩き割って捨てるんだって。帰ったら必ずやってね」

姉の言葉を、妹は帰宅してすぐに実行した。

すると、それまでの不調が嘘のように体調が良くなったという。

蛇口

里佳子には昔からお化けが視える。

特に気になるのは、蛇口に出てくるお化けだ。

蛇口の水が出てくる穴。あそこから顔が三つ。時には増えて六つか七つ。

ジッと見つめると、するっと蛇口に戻ってしまう。

「その顔が覗いた蛇口の水は、もう飲めません。怖いから——」

しかし、最近では、自宅は勿論のこと、職場でも、習い事先の蛇口でも顔が出てくるという。

なので、彼女は普段からペットボトルの水を愛飲している。料理に使うのもペットボトルの水だ。

今のところ、ペットボトルの口から顔が出てくることはないらしい。

ヴェール

黒田さんには他人の死期が分かる。

「いや、多分、ですよ。だって、目の前で人が亡くなることなんて余りないじゃないですか」

だが、親戚が病気で倒れたときには、「やっぱり」という気持ちだったそうだ。

何故なら、前々からその予兆が出ていたからだ。

その予兆とは、顔に黒いヴェールか霧のようなものが掛かることらしい。

件の親戚の場合は、会うたびにその色が濃くなり、倒れる一週間前に会ったときには、もう表情自体が読み取れなくなっていたという。

「今のところ、父も母も健在ですし、祖父母はもう鬼籍に入っているので関係ないしで、近しい人は特に見えないのはありがたいです」

そう言った後で、黒田さんは「しかしですね」と続けた。

「電車に乗ったりすると、気が滅入ることは多いんです。意外と若い人の顔が見えなかったりしますからね」

彼は、一度だけ列車に飛び込むシーンを見たことがある。
やはり、真っ黒なヴェールで表情が隠されていた。
その表情が見えなかったことが救いだという。

引き継いだもの

「テレビで恐怖番組とかやってると、後ろから近付いてきて、わッ！　て脅かすような、アホな母でしたけどねぇ――」

滝沢さんのお母さんは〈視える〉人だったが、周りにはそれを言わなかった。

ただ一度だけ、か細い声で滝沢さんのことを呼ぶ夜があったのを覚えている。

いつもと違うその声に慌てて駆けつけると、彼女は息子のことを手で制した。

続けて、緊張感を孕《はら》んだ声で言った。

「そこに座って障子を見なさい」

滝沢少年が言われた通りにジッと障子を見ていると、障子の向こう側にある廊下を、誰かがゆっくりと歩く影が見えた。

「歩いてる……」

少年がそう呟くと、お母さんは黙って頷いた。

説明によれば、いつもその影は、同じ時刻に現れていたという。

「あれ、誰の影？」

「お爺ちゃんかもね」

お母さんはそう言った。そして息子のほうを振り向くと、相好を崩して笑い出した。

「いやぁ、お前にも視えるんやなぁ」

そう言って、彼女は、いつまでもあははははと笑い続けた。

自衛隊基地

祥子さんが浜松の自衛隊基地へ見学に入ったときの話だという。

基地にある様々な戦闘機を見て回り、歴史などもじっくりと解説文を読みながら堪能していると、パイロットの格好をした人物が不自然な場所に立っているのに気が付いた。

展示用のマネキンの一種かとも思ったが、やけに生々しい。更に薄汚れた衣装を身に着けている。

もっとパリッとした格好をさせて、スポットライトでも浴びせれば見栄えもするだろうに、と思いながらまた次の航空機を眺める。

振り返るとマネキンの位置が違っている。

ちょっとした混乱が祥子さんを襲う。

自分以外、この場にはいない。だから、マネキンを動かす人間はいないはずだ。

――いや待てよ。

祥子さんは思い直した。

きっとこれは自衛官の誰かが、悪戯かサービスか分からないが、客を驚かせるために立っているのだろう。

歳は三十代。精悍《せいかん》な顔立ちだが優しげにも見える。少し小柄だ。

マネキンとも生きている人とも付かないが——果たしてどちらだろう。

そう思いながら歩き始めたが、やはり視線を感じる。

振り返るとやはりパイロットの格好の人がこちらを目で追っている。

何のために——？


一緒に来た友人達は、早々に休憩を取っていた。

合流して先ほどのパイロットの話を振ってみる。

「そんな人いなかったよ」

振り返って、室内を見たが、確かにいない。

「親戚から、あの部屋では、夜中にパイロットの幽霊が出る話はあるって聞いてたけど」

今は真っ昼間。そんなに怖い感じがするようなものではなかったが、パイロットの幽霊と聞いて腑《ふ》に落ちるのを感じた。

彼女はまた近いうちに、そのパイロットの幽霊に会いに行きたいと思っている。

五階の部屋

知り合いの伝手で、自衛隊の輸送機で沖縄に行けることになり、ミリタリーオタクの武川さんは高揚した気分で輸送機に乗り込んだ。

現地に到着してまずは一通り観光や基地の見学をした。宿に戻っても興奮冷めやらず。

宿は国際通りからほど近い、山に面したホテルの五階だった。

だが、寝ようとしても、室内は快適にも拘らず、何だか寝苦しい。何度も寝返りを打つ。眠気が来ない。輸送機の興奮が残っているのかと、ひとまず目は瞑って横になる。

そこで気が付いた。外が妙に騒々しいのだ。

何が聞こえるのだろうかと耳を澄ませて意識を向けると、人々のざわめきと金属の触れ合うカチャカチャという音がする。

——さっきまでは気にならなかったんだけどなぁ。

こんな時間にうろついている観光客の団体でもいるのだろうか。

気にしないようにしていたが、ざわめきは次第に近付いてくる。

とうとう人の息遣いや布の擦れる音までもがはっきり聞こえてきた。

これは尋常ではない。異様な気配がベッド横の窓の外に渦巻いている。

「外の人たち」は、しきりに何かを話しているが小声でよく聞き取れない。

「……さいさい言わんで……」「……けつまげんな……」

聞き取れたのはこれくらいだが、方言混じりの会話の断片なので意味までは分からない。

常軌を逸しているのは分かっている。分かっているが、もっとはっきり聞こえないかと耳を澄ませた。その瞬間、ざわめきがぴたりと止まった。

緊張感のある声が「行くぞ」と響いた。

次の瞬間、窓から兵隊が飛び込んできた。

一人目は戦闘帽を被り、右手には十四年式拳銃、左腰には軍刀、乗馬ブーツのようなものを履いている。

襟章や持ち物を見ると、少尉であろうか。

武川さんのベッドを飛び越し、片膝を立てて、左手を大きく回している。

後続を呼び込んでいるように見えた。

驚きと恐怖を感じたが、意識は妙に冷静だ。今この瞬間を記憶しておかねばならない。

そんな気持ちが先に立った。

続いて現れたのは三人。全員が着剣した三八式歩兵銃を手にしている。

小銃のシルエットが槍のように見えた。

四人目は八九式重擲弾筒《てきだんとう》を持ち、短革靴にゲートルを履いているように見えた。階級は上等兵だろうか。

その後も次々に兵隊が彼の上を飛び越して、床に伏せると消えていく。

それを妙に冷静に観察している自分。

少しして、拳銃を持った兵隊が「海軍さんも……」と小声で言い、大きく手を回した。

その後すぐに四人が飛び込んできた。

一人は鞄を抱え、三人は九九式短小銃。階級章は見えなかった。

これは変だ。陸軍さんと海軍さんが一緒に作戦行動をしている――？

そう思っている間にも兵隊達は次々と消えていき、ついに部屋には静寂が戻った。

しかし、油や硝煙、汗の臭いが残り、それが強烈に鼻を衝く。

彼らは本当にいた、夢ではない。武川さんにはそうとしか考えられなかった。

その後も暫く起きていたが、その夜も、翌日以降も、兵隊が現れることはなかった。

彼らは未だ、沖縄を移動しているのだな――。

不思議と納得できる体験だったという。

同情無用

――ぎゃああ。どたん、ばたん。

講義中であるにも拘らず、彼は雄叫びを上げて椅子から転げ落ちた。同僚はうんざりした顔で暴れる彼の両脇を抱えると、講師に一礼ののち医務室へと連れ出した。

〈あいつはあれを蹴ったからな〉残された者はそれを冷ややかに見送った。

高さ三十センチほどの、白くペンキの塗られた木杭。

敷地の片隅に聳える古煙突のふもとに立つそれは、何の変哲もない見た目に反して、実は供養塔なのだ。

その昔、煙突の補修作業中に墜落死した者の御霊を慰めるために。だから――。

蹴るな、倒すな、ツバ吐くな。

新入隊員の教育を担当した曹長がしつこく言っていたではないか。それなのに。

――ぐわあああ。落ちてくる、笑いながら落ちてくる！

廊下の奥から、未だ叫び声が聞こえてくる。だが、同情する者はいない。

とある駐屯地での出来事であると聞く。

尻掻き観音

村川さんは今五十代後半に差し掛かった高校の先生である。

彼がまだ四十代だった頃、奥さんと離婚してから不思議な体験が続いたという。

瞼の裏に毎晩観音様が出るようになったのだ。


夜、村川さんがベッドに入って目を閉じ、ジッと尻を掻いていると、時折チカチカと白い明かりが瞼の裏にスパークするようになった。

不思議だなと思っていたが、そのうち瞼の裏には観音様が見えるようになった――。

「尻を掻いている間に、観音様が見えるんですか？」

確認のために、そう訊き返すと、彼は中空を見つめながら、何度か頷いた。そして「観音様です」と断言した。

何故尻が痒くなるのかはよく分からなかった。

しかし、途中からは、瞼の裏に浮かぶ観音様を見るために、痒くもない尻をバリバリ掻いていたらしい。

不思議なことに、掻き始めるともっと掻きたくなる。

そうやって尻を掻き続けていると、ある夜から観音様の声が頭に響くようになった。大変リラックスのできる良い声なので、すぐ眠くなってしまう。しかし、外国語なのか何なのか、言葉の内容は一切聞き取れない——。

そんな経験が十年ほど続いた。

しかし、最後に観音様は、「お前じゃ駄目だ」と残念そうな口調で言い残したという。

それ以降、幾ら尻を掻いても、それこそ真っ赤になるほど掻きむしっても、観音様に会うことができずにいる。

村川さんは今夜も尻を掻いている。

お不動様

滝沢さんが石川県白山の酒屋の奥さんから聞いた話である。
彼はその酒屋さんとは長い付き合いだという。あるとき、不思議な話があるといって教えてもらった。

奥さんのおじいさんが、いつもお酒を飲むたびに聞かせてくれる話があったという。
おじいさんは、若い頃から全国各地のお不動様を巡るのが趣味だった。
昭和三十年代のこと。
自宅は金沢の香林坊の辺りにあった。その頃の香林坊には、映画館が何軒もあった。
ある夜、その映画館の一軒から火が出た。
延焼を防ぐために、家の中に二人の消防士が乗り込んできて、周囲に水を掛け始めた。
「こちらですね！　奥の窓も水掛けますから！」
そう言い残して消防士達が廊下を駆けていく。
だがその足音が不意に止まった。

一体どうしたというのだろう。

そう思ったおじいさんが廊下を覗き込むと、消防士二人は先に進めずに、じりじりとしている。

暫くそうしていたが、彼らは踵を返して戻ってきた。

「どうされたんですか」

「いや……」

「火は危なくないんですか？」

何度も繰り返し確認すると、片方の消防士が戸惑いつつも漏らした。

「お不動さんが……」

お不動さんがどうかしたのかと訊ねると、彼は俯いて言った。

「あそこの先に不動明王が構えていて、これ以上は入れません」

その台詞に、もう片方の消防士も激しく頷いた。

彼も〈お不動さんが、自分がいるから大丈夫だ〉とでも言いたげに何度もゆっくり頷いたという。

そのため、消防士は二人とも廊下の先には進めなかったらしい。

まぁそんなに固くなるなよ

山下さんは収集癖があり、家の殆どの部屋がグッズやぬいぐるみ、フィギュアなどの様々な物で溢れかえっている。

今は仏像を集めるのにハマっていて、自宅一階は色々な種類の仏像で埋め尽くされている。拳より小さなものから、お寺にあるような大きなものまで様々だ。コレクションの中には菩薩《ぼさつ》の絵が描かれた掛け軸などもある。

山下さん曰く、その中の一体が夜中になると喋るという。

件の仏像はリビングの真ん中に置かれている。小学三年生か四年生ほどの背がある仏像で、お寺にあるような立派なものだ。

彼によると、数年前、ネットオークションで見つけて一目惚れして購入したそうだ。

それを購入した直後は特に何も起こらなかった。

一カ月ほど経って山下さんは新しい仏像を手に入れ、大きな仏像と一緒の部屋に置いた。

その夜、何者かの喋り声で目が覚めた。

最初は酔っ払いが家の前で話していると思った。しかし、それにしては声がはっきりしている。耳を澄ますと、声はリビングから聞こえてくる。廊下を辿ってドアを開けてみると、もう声は止んでいた。

そんなことが三回続いた。


ある日、山下さんはリビングで声がするときの共通点に気が付いた。

まず声がするのは夜中だ。それは必ず新しい仏像を手に入れたときに限られる。声は必ずその仏像を置いた場所から聞こえる。ただ、リビングに入ると声は止む。

何を話しているのか聞き耳を立てると、「お前は何処から来た?」「どうやってここに来た?」と話していることが分かった。

「新入りが入るたびに、主《ヌシ》が新入りの仏像と話しているってことらしいよ。俺は毎朝仏像に挨拶をするんだけど、毎朝顔が違うんだよ。目の開き方が違うんだな。時々目がギョロっと開くときもあってさ、不思議だよな」

山下さん宅のリビングには、今現在もその仏像が主のように鎮座坐《まし》している。

宝貝

興梠《こおろぎ》さんが大学三年生のときの話。当時就職活動に行き詰まっていた彼は、海に向かった。気分転換のつもりだったが、今から思い返すと当時の精神状態は深刻で、無自覚に身を投げられる場所を探していたのかもしれないという。

季節は秋。計画など何もない行き当たりばったりの旅である。ある駅でローカル線に乗り換え、車窓に広がる海を眺めながら暫く揺られ、思いつきで適当な駅で下りた。

コンビニもないような地域で、夏場ならば海目当ての観光客も訪れるのだろうが、今は時季外れなのか、寂れた民宿が軒を並べるばかりだ。

まだ日が暮れるまで大分時間がある。一方で昼飯を食うにはタイミングを逸してしまっている。釣り餌、生き餌と書かれた手書きの看板を横目に町を歩く。

――こんな場所にも釣り客は来るのか。

そんなことを思いながら、せっかくだから海を見るかと足を浜に向けた。

思っていたよりも狭い砂浜に拍子抜けたが、彼は波打ち際に立ち、暫くの間打ち寄せる波を見ていた。

だが、幾ら波を見ても気持ちが晴れる訳ではない。

今日はここの民宿に泊まるか、それとももっと大きな街まで出てホテルに泊まろうか。

——どうせここにいても、何かが変わる訳でもない。

そう考えた彼は踵を返した。駅まで戻る途中で、廃墟となった民宿を見つけた。

興味を惹かれて裏手に回ると、石碑が立っている。

元々は庚申塚《こうしんづか》とか道祖神《どうそじん》みたいなものなのか、もしかしたら屋敷神《やしきがみ》でも祀っていたのだろう。写真でも撮ろうかと近付いていくと、石碑の下に、ハッとするほど美しい宝貝が何個も置かれている。

興梠さんは、一番大きな宝貝に手を伸ばし、それを素早くポケットに入れた。


結局乗換駅まで戻ると、最寄りのビジネスホテルで過ごすことにした。夕飯は居酒屋で地魚の盛り合わせを頼んだ。

食べ終わってホテルに戻り、ベッドに横になると、すぐ眠りに落ちた。

夜中に酷い腹痛で目が覚めた。

——さっきの盛り合わせだろうか。

そう疑いながら腹を押さえようと手を伸ばすと、臍《へそ》のところに何かがある。指先に何か濡れたような感触。何だこれはと飛び起きて確認すると、貝なのかイソギンチャクなのか、気持ちが悪いものが臍にくっついている。

酷い腹痛で動けない。

病院に行くべきか。救急車を呼ぶべきか——。だが、フロントに連絡をしようとしても、ベッドから起きられない。意識が急に遠のくのだ。そして何時間か経った後で、今度は腹痛で起こされる。

この繰り返しである。相変わらず臍には貝が張り付いており、シーツにはそこから滲んだのか青黒い染みが付いている。


——あ。痛くない。

回復したのは丸二日後だった。臍に手をやると、もう貝はくっついていなかった。ベッドから飛び起き、布団をめくると、先日拾った大きな宝貝が転がった。

もう普通の宝貝で、拾ったときのままだ。

最初は綺麗な貝殻だと思ったが、しげしげと見ると細かい傷が無数に付いている。

興梠さんはホテルのゴミ箱にそれを放り込んで帰った。

旅に出る前の塞ぎ込むような気持ちは、そのとき以来すっかり抜け落ちていたという。

地下室

久美子さんは石動家の長女である。

その彼女が「何処まで話していいか分からないんですけれど」と、少し迷いながら教えてくれた。


彼女の家は築百年近い。かつては別荘地として賑わった土地だった。近年では都心からやや距離のあるベッドタウンという見方のほうが一般的だ。

駅前はそこそこ賑わっているが、少し離れると人通りも少なくなる。

高齢化も進み、休耕田も目立つ。入ってくる人よりも出ていく人のほうが多い。

久美子さんの家は、広い敷地に平屋の一軒家で、周囲には生け垣が巡らせてある。

平屋造りで天井が高い。

その間取りが独特なのだという。

「仏間が家の中心にあって、そこだけ襖の高さが半分なんです」

茶室のにじり口とでもいうのだろうか。

その部屋の中央には、半畳の大きさの穴がぽっかり口を開いている。

口の上端部には太い和釘が二本打ち込まれており、そこから縄梯子がぶら下がっている。女が入ってはいけないと言われているので、久美子さん自身は下りた経験はない。だが、父親に聞いた話によれば、それを辿ることで、ずっと地下深くまで下りていけるらしい。

一番底には、四畳半ほどの立方体の部屋があるとは聞かされている。

その地下室は、ひと抱えもあるような真球の石で満たされているという。

これも真偽は不明だ。だが、きっとそういうものがあるのだろう。

仏間の穴は、普段は鉄の蓋で閉められているが、月に一度、その蓋を開ける儀式がある。

それを行うのが家長の義務だと聞いている。

一カ月に一度というのは、意外と短いスパンである。

今は父親がその儀式を担当している。多忙で余り家に帰らない父親だが、その儀式のために、海外に滞在していたときも家に戻っていた。

そこまでするのだから、きっと何か特別な理由があるのだ。

儀式の内容は、幼い弟に対しては少しずつ知らされているようだ。

弟とは、歳が十歳近く離れている。もし、男が生まれなければ、養子を取っていたという話を親戚の口から耳にしたことがある。

彼女は、いつも疎外感を覚えていた。

この家は、仏間の地下で行われる儀式を中心に回っているのだ。

だが、何も久美子さんには知らされてこなかった。女は知る必要がないからだという。

「あと、私はこの短大を卒業したら、すぐに嫁に出ることになっています」

結婚は父親が決めた。

同じような儀式をする家に嫁ぐのだという。

そういうものだというのは、子供の頃から聞かされてきた。

「怖い話、なんだと思います。ここまでしか話せないんですが」

彼女は話を終えて微笑んだが、その笑みは酷く作り物めいたものに思えた。

お爺ちゃんの壺

今泉さんはお爺ちゃんっ子だった。

そもそも祖父から怒られた記憶がない。生まれてからずっと甘やかされっぱなしだった。

その祖父も歳には勝てず、次第に身体の自由が利かなくなった。

祖父が入院した日のことは、はっきりと覚えている。

今泉さんには笑顔を見せ、「もっとお前が立派になるところを見たかったなぁ」とだけ言って、祖父は病院に運ばれていった。


祖父が病院で亡くなる直前に、大事にしていた壺がなくなった。祖父の寝ていた部屋の床の間に置かれているのだから、誰かが持っていったとも考えられない。

祖母が亡くなってからは、祖父の部屋には誰も入らない。

結局家の何処を探しても見つからないまま、祖父は鬼籍に入った。

父親は、あれは親父のお気に入りだったから、親父があの世まで持っていったんだろうと言って笑った。

だが今泉さんは、何故祖父があの壺を大事にしていたのかを知っている。

父親は知らないようだ。他の家族も知らないらしい。

だから家族の誰にも言えない。

「人を殺せるからだよ」

祖父は、生前今泉さんに壺を見せて、確かにそう言ったのだ。

今泉さんは、やめときなよと止めたが、祖父は首を振って、〈俺がやらないといけないんだ〉と悲しそうな顔をした。


だからきっと祖父はそれを死の間際に使ったのだろうと思っている。

誰に使ったかも分からないし、どう使ったのかも分からない。ただ、祖父を火葬にしたときに、遺骨は殆ど灰になってしまい、残った骨も真っ黒に変色していた。

護っている

コロナ禍の夏――。
九州に住まう犬飼さんは、手元に届いたその紙をいそいそと壁に貼り付けた。
長さ三十センチ、幅十センチほどの和紙である。
くりんとした目で横を向いて座り、口を開けた黒い犬の絵が目に付く。
その上には、「大口真神」の筆文字。「おいぬ様」こと、狼を描いた御札なのだ。
参拝を熱望しつつも時節柄控えていた、関東某神社のものである。
長旅を終えたおいぬ様は、愛するキャラクターのイラストや、写真に並んで飾られた。
収まるべきところに収まったような満足感を抱いて、犬飼さんは床に着いた。

さて、翌朝のことである。
ベッドでまどろんでいた犬飼さんは、枕元に何者かの気配を感じた。
いつからいたのか定かでないが、声を掛けるでもなく、ただジッと立っている。
寝姿をまじまじ見られるのは、幾ら相手が家族であっても気持ちの良いものではない。

「ねえ、何か用なの？」
横を向き目を開けた先に、それは立っていた。
切り紙のあれだ、と最初は思った。白くて、人間を抽象化した形をしていて。
寝ぼけた頭を回転させるうちに、そうだ形代《かたしろ》というのだと思い出した。
大祓の際に身を拭《ぬぐ》ったり息を吹きかけたりして、身体の穢《けが》れを移す人形《ひとがた》である。
ただし、大きい。百六十センチはあるだろうか。本物の人間と変わらない。
けれども、形代なのだ。全体が薄っぺらくて、真ん丸い顔には目鼻も口もない。
全体がうっすら透けていて、向こうの壁が見えているのが不思議であった。

怖いとも、気持ち悪いとも思わなかった。
何故こんなものがここに――それだけであった。
御札の効果で、普段見えてはいないがそこにいる何かが、偶然可視化されたのだろう。
今でもそう、信じている。
ただ、思うところあって、御札の位置だけは変えた。
以来おいぬ様は、部屋の入り口の真上にあって、今も犬飼さんの部屋を護っている。

タイド・ロープ

ひいっ。電気のスイッチを押した竹野内さんは、思わず声を漏らした。


今は昔。友人と三人で長距離ドライブに出かけた帰り道のこと。

何故そんなに遅くなったかもはや記憶にないが、とうに日付を跨いでいた。

適当なところで宿でも取らねばと道路地図を広げてみれば、現在地は茨城と千葉の県境付近らしい。どれだけ走っても何もない訳である。まばらな電灯。丘と森と田んぼ。

「↑HOTEL」のネオンにハンドル切れば、豈図《あに》らんやラブホテルである。

とはいえ、背に腹は代えられぬ。モーテルタイプの一室に車を突っ込んだ。

大きなベッド。しかし男三人同衾《どうきん》するのは気が引ける。

だからと言って一人でベッドを占有し、二人を他で寝かせるのも何だか申し訳ない。

結局、リビングルームのあちこちで思い思いに眠ることにした。

ソファーに横になる者。床に掛け布団を持ってきてくるまる者。

「じゃあ電気消すよ」

パチンと押した竹野内さんは予期せぬものをそこに見た。

部屋の真ん中を貫く梁《はり》から、ロープが垂れ下がっている。

先端に輪っかを作り、その付け根をぐるぐると縛ってある。

ハングマンズノット、いわゆる首吊りロープの結び方であった。

まさか、そんなはずは。慌てて電気を灯す。やはり見間違いだったのだ。

安心してスイッチを切ると――やはり、垂れ下がっている。

点灯すると、消える。消灯すると、垂れ下がる。何度やっても、結果は変わらない。

「タケ、さっきからパチパチ何やってんの？」

どうやら、見えているのは竹野内さん一人のようであった。


弱った竹野内さんは結局、真っ暗だと眠れないのだと嘘をつき通した。

「でね、そのロープ。何が気持ち悪かったって」

真っ暗な空間に浮かんでいるにも拘らず、枯れ草色を思わせる妙な色に染まり、表面は擦れたように毛羽立って。

ああ、これは確実に「使用済み」だなって分かるんですよ。

辰っちゃんの椅子

知人が西麻布の会社にいたときの話。

その会社は超が付く高級家具店の親会社だ。先日、そこで上司が奇妙な話をしているのを耳にしたという。

普段であれば、一式八千万のリビングセットの話とか、二億円のチェストの話などが話題に出る。それこそ、インテリアコーディネーター持参でモデルルーム一式下さい一億五千万でといった、少し感覚が狂ってしまうような話題が中心だというのに、このときの話題は、倉庫に不思議な家具があるという、逆にズレた話題だったのだ。

それは、会社の木場の倉庫には、料理の腕前でも知られる俳優のU氏が置いていった椅子があるという話だった。

彼は、「この椅子、何か感じが悪いから引き取って」と言い残して、無理やり置いていったらしい。

会社としてもお得意さんなので、断ることもできずに引き取ったまま、未だに誰も動かしていない――。

話はそこで終わった。

食い足りなかったので、もうちょっと具体的な話を教えてくれと、知人は横から上司に声を掛けた。

唐突に声を掛けられた上司は目を白黒させていたが、そういう話を集めているのだと伝えると、少し思案した末に教えてくれた。

その椅子には、丸い人魂のようなものが憑いており、夜な夜な光る。

今も倉庫で光っているはずだという。

辰っちゃんの椅子といえば、その会社では触れてはいけない話になっているらしい。

トリック・オア・トリート

バイト中のコンビニでの話。

世間はちょうど秋のお彼岸の頃で、ハロウィンの飾り付けをするためにポップを作っていた。

オレンジ色の折り紙でカボチャを折り、顔を描く。なかなか可愛らしくできたので、催事棚のお彼岸のおはぎが並べてある棚にも貼り付ける。

ハロウィンの棚に移動して、細かいところを手直しして、振り向いたら、ない。

お彼岸の商品棚に確かに飾ったはずのカボチャが消えていた。一緒に仕事をしていた同僚に訊いてみたが、知らないという。

首を捻りつつ、もう一度同じものを作る。お彼岸の棚に再び飾り付けた。

そこから移動して、フライヤー品補充のために冷凍庫から商品を出す。振り返ってハロウィンとお彼岸の棚に目をやった。カボチャの愛想良い顔が可愛い。我ながら上手く飾り付けてあると思う。

フライヤーをセットして、残りの商品を冷凍庫に戻す途中に何げなくお彼岸の棚に視線を移して――。

あれ？　さっきより位置がズレている。その棚に飾ったのが全部。

多少の違和感はあったものの、棚に背を向けてポップの続きを書く。

ふと後ろに何か気配を感じて振り向いた。ハロウィンの棚はそのままであるのに、お彼岸の棚だけカボチャが一枚残らずなくなっていた。

バナナ

「この話をするたびに、いつも笑われていたから、もうずっと誰にも話していなかったんですよ」

そう言って教えてくれた麻美さんは、真面目を絵に描いたような女性だ。彼女は北陸地方のとある医療機関で事務の仕事に就いている。

その彼女が中学生の頃に体験した話だという。

ある日、放課後に忘れ物に気が付いた。まだ明るいので、教室に取りにいくことにした。

校舎の三階の教室を目指して階段を上がっていく。

階段の吹き抜けの壁には、当時の美術部員が描いたらしき大きなゴリラの絵が飾られており、その手にはバナナを持っている。

上手な絵だなとは思う。

でも何でゴリラを選んだんだろう。

そこを通るたびにそう思う。

彼女は無事教室に辿り着いた。忘れ物を鞄に収め、同じルートで一階へと下りる。もう夕暮れが近付いている。

電灯の点っていない階段は普段よりも大分暗い。

怖さと足元の覚束なさで、ゆっくりと段を下りていく。そのとき、奇妙な違和感を覚えた。

振り返ると、絵のゴリラが、バナナを口に咥えていた。

驚いた麻美さんは、階段を転げるように駆け下り、一目散に自宅へと逃げ帰った。次の日にはクラスメイトにそれを話したのだが、誰にも信じてはもらえず笑われるだけだった。

「ちゃんと話を聞いてくれる人なんて、今までいなかったんで、ちょっと怖かったんですけどね。今は少しホッとしています」

そう語り終えた麻美さんは、肩の荷が下りたような、晴れ晴れとした顔をしていた。

野生の一反木綿

滝沢さんが小学五年生の夏休みのことだという。

母とその仲間達とで山へ泊まりのキャンプに出かけた。

着いたその日はテントを張り、バーベキューをして楽しんだ。

次の朝、滝沢少年は朝早く目覚めてしまった。

母もその仲間も皆まだ寝ている。起こしてはいけないとテントからこっそり抜け出し、川岸を一人で散歩に出かけた。

朝のひんやりとした空気の中を、川のせせらぎを聞きながら歩いていくと、次第に岩場になっていった。

足を滑らさないようにと注意深く歩いていくと、途中に大人でも数人がかりでなければ抱えることができないような大岩が、川に向けて突き出していた。

その周りを、真っ白な布が岩を愛しむように、くるくると回っている。

あれは何だろう。

空中を舞うように飛んでいるのは分かる。しかし、そんな形をした空を飛ぶものが存在していることは知らない。

飛ぶものは鳥に虫に蝙蝠《こうもり》、それに滑空する哺乳類ぐらいなものだ。

この形状で空を飛ぶのは、アニメに登場する妖怪だ。

それなら馴染みがある。

つまり——自分は今、妖怪を見ているのだ。

滝沢少年は対岸の岩の影に身を潜め、興味津々でくるくる回る白いものを観察し続けた。

すると、回転しているそれが、一瞬動きを止めた。

その一瞬、目もないその布のようなものと、目が合った。

存在を気付かれた感じとでもいうのだろうか。

それは再び岩の周りを巡り始めたが、怖くなって走ってテントまで戻った。

山の名前は冠山《かんむりやま》という。そして彼は今でもあれは一反木綿だと信じている。

京都の峠

その男性は大学時代に九州の大学に通っていたが、長期休暇の際に、自転車で東京まで行こうと考えた。

思い立ったが吉日と、単身自転車に荷物を載せて西から東を目指して移動を続けた。

旅を始めて何日か経ったときに、京都の峠に差し掛かった。

そのとき、峠に忍者とお姫様の格好をした男女が現れた。

忍者は男性に向けて、「姫を助けて下さいませ」と依頼してきた。

これは助けなくてはいけない。姫を自転車の荷台に乗せて、とにかく逃げないと——。

「でもすぐ消えちゃってさ。その日は凄く疲れていたから、全然おかしいと思わなかったんだよね」

後日、京都出身の友人にこの話をすると、その峠に姫と忍者が出るのは有名な話だと言われ、狐に化かされたのだと笑われたという。

用具入れより帰る

藤川さんが小学一年の頃の体験だという。

前の休み時間にトイレに行き忘れていた彼は、授業中に催してしまった。

次の休みまでは我慢できそうになかったので、手を挙げて先生に許可を取り、校舎の端にあるトイレへと向かった。

ああ良かった。

用を済ませて、手を洗って、急いで教室に戻る。

その途中で、背中に何らかの気配を感じた。立ち止まって振り返ると、手洗い場の前に立っているものがある。

身長は自分よりも高く、全身濃い緑色。亀のような甲羅にクチバシ。頭には皿。

絵に描いたような河童だ。

こいつ何をするのだろう。怖かったが、目を奪われた。

それは手洗い場で皿を濡らすと、入り口脇の用具入れの扉を開けて中に入っていった。

藤川さんは突然の未知との遭遇に怖くなり、教室に慌てて帰った。

むしられ

早朝、鹿沼さんは駅前で待ち合わせをしていた。
友人との旅行のためなのだが、この友人が時間にルーズなのだ。
だが、あと十五分後の列車に乗らないと、予約していた新幹線に間に合わない。
——また遅刻か。
それを見越して、本人にはその一本前の列車に乗ると告げてある。
携帯に何度メッセージを入れても、反応がない。
不安になった。
そのとき、足元をうろついていた鳩が激しく羽をばたつかせた。
一度も見たことのない激しい動きだ。一体何が起きているのか分からない。
鳩は床に転がった。
みちみちと、ゆっくり鳩の肉が裂けていく。
右の翼が羽をむしられて周囲に羽毛を撒き散らかす。
捕食されているのだろう。

気が付くと、辺り一面に羽毛が散乱しているが、鳩の形をしたものは既に何処にも存在していない。

ほんの二十秒ほどの時間だった。

何かが捕食するにしても、こんな速度で食べられてしまうものなのだろうか。

鹿沼さんの全身を震えが襲った。

吐き気が込み上げる。

――トイレ。トイレ行かなきゃ。

彼女は待ち合わせ場所を離れてトイレに向かった。


その後、友人は寝坊したとメッセージを送ってきた。

結局新幹線には間に合わない。

鹿沼さん自身も体調が悪くなり、楽しみにしていた旅行はキャンセルせざるを得なかった。

念仏

「やっぱり聞こえる」

外回りをしていた涼子さんは周囲を振り返った。そんなに高い建物がある訳でもない普通の住宅街。だが、その遥か上空から念仏が聞こえてくる。

――南無阿弥陀仏。

相当な声量で節を付けて繰り返されるその言葉に、心が取り込まれそうでくらくらする。他の人には何も聞こえていないようだ。誰も上空など気にしてもいないからだ。不安そうな顔で見上げるのは自分だけで、その自分の仕草に釣られたように、たまに通行人が空を見上げる。

とにかく何処に移動しても、上空から念仏が聞こえるので、もう途中で仕事を切り上げて、家にでも引き籠もりたい気持ちだった。

念仏は一日中彼女のことを付けまわしていたが、日が暮れると同時にぴたりと止んだ。

ぐりぐり

スナックのカウンター越しに聞いた話である。

マドカさんが高校生の頃。ベッドで休んでいると、よく金縛りに遭ったという。

夜中。ふと目が覚める。来る、と思う間もなく足先から順に肢体が固まっていく。瞬く間に全身の自由が奪われる。右を向いているときにのみ起こるのが不思議であった。

更に質の悪いことに。左の耳穴に、指を突っ込まれるというのだ。

ただ突っ込まれるだけではない。ぐりぐりと、悪意を持って穴の中で動かされるのだ。

その細さ、滑らかさからすると、恐らく女のものであることは分かる。

そして、爪が長い。ぐりぐりとやられるたびに、爪が耳穴をえぐって痛い。

気のせいでない証拠に、目覚めてもまだ痛い。鏡を見ると、耳が赤く腫れている。

週に何度も現れては耳をぐりぐりやっていく。マドカさんはすっかり参ってしまった。

ところで。マドカさんが通っていたのは仏教系の学園であった。

故に週に一度は「宗教」の授業がある。
ある日、その一環で般若心経を習った。大変ありがたいお経なのだと、教師は言った。
「これだ。今度あいつが出てきたら、お経で追い払ってやろう」
マドカさんは心に決めた。
夜中。ふと目が覚める。金縛りである。指が、耳にぐりぐりと侵入する。
――観自在菩薩行深般若波羅蜜多時照見五蘊皆空度一切苦厄……。
痛みを堪えつつ、小声で唱える。
ふっ、と力が弱まった。これはいける、とマドカさんは思った。
――是故空中無色無受想行識無眼耳鼻舌身意……。
だが次の瞬間。
ぐりぐりぐりぐりぐりぐりぐりぐりぐりぐりぐりぐりぐりぐり！
先ほどよりももっと強い力で耳の中をえぐられた。あまりの痛さに声も出ない。
そしてそのまま、海へ沈むように意識が薄れていった。
「先生はあんなこと言ってたけど。般若心経って、幽霊には効かないのね」
笑いながら、マドカさんはそう言った。

ナンパ

町内の飲み屋でよく会う稲生さんは、世代的にはバブルの頃にブイブイ言わせてたクチ。還暦を迎えた今でも、ジムに通ってスポーツを楽しむタイプの若々しいおじさまである。そして隙あらば女の子を口説くダンディである。

若い頃もモテたんでしょう？

「もう、ナンパしまくってたよ。引っかけるところまでは、そんなに難しくないんだよ。で、ヤりたいからマンションに連れ込むの」

ああ、何か目に浮かびます。

「さあ、ヤろうぜ！　って、部屋までは付いてきてくれるんだけど、一時期そこから先が全然駄目だったことがあってさあ」

口説き落として連れてきた女の子が、稲生さんの部屋に一歩踏み入れた瞬間に「ここやだ」と言って逃げていく。

「部屋が散らかってたとか汚いとか臭いとか、そういうんじゃないんだよ。片付けてたし。何かさ、誰を連れてきても〈ここ幽霊いる〉とか言うの」

最初のうちは、ナンパはされてきたものの、酔いが醒めて我に返ったのかと思った。

ところが、街で、出先で、店で、何処で知り合った子であるかに拘らず、苦労して連れ込んだ全員が「幽霊がいる」と叫んで逃げだすのである。

あるとき、例によって街でナンパした女の子を部屋に連れ込んだ。

どうにかベッドに押し倒すところまでは辿り着けた。が、女の子が目を瞑って何かをもぐもぐと唱えている。

「え、何?」

耳を欹《そばだ》てると、

「……一切苦厄舎利子色不異空空不異色色即是空空即是色受想行識亦復如是舎利子是諸法空相不生不滅不垢不浄不増不減是故空中無色無受想行識無眼耳鼻舌身意……」

唱えていたのは般若心経の一節であった。

「幽霊は別に怖くないけど、南無阿弥陀仏でもなく南無妙法蓮華経でもなく、若い女の子が一心不乱に般若心経を噛まずに念じ続けていたのがとにかく怖くてねえ」

それで、ヤったんですか?

「……結局、その女の子も逃げちゃってねえ」

怨念

——本人の希望により、特に名は秘す。

今は五十代に差し掛かろうという彼が、中学生の頃の体験だという。

田舎で生活していた頃、神社の裏で同級生の女の子と良い感じになったらしい。

周囲に誰もいないよな。誰もいないなら、〈モットスゴイコト〉に及んでやると鼻息を荒くしたそのとき、竹藪から二人のことをジッと見ている中年の男女と目が合った。

その瞬間、頭の中に様々な思考が押し寄せる。

近所の人だったらどうしよう。ちくしょう邪魔された。噂になってしまうだろうか。彼女に迷惑なんじゃないか。どうか続きをさせてくれ。

彼女は目を瞑って、その先を待っている。

竹藪の男女を睨みつける。

そのとき、相手の胴体がなく、顔だけが浮かんでいることに気が付いて、あっと声を上げた。その声に彼女も目を開け、彼の見ている方向を不安げに見た。

男女の顔が、ニンマリと笑いながら消えていく。

下腹部でしゅるしゅると何かが小さく小さくなっていくのが分かった。

ちくしょうあいつら幽霊になっても覗きかよ！

口ではそう言うが、身体に力が入らない。

「帰ろ」

彼女は立ち上がり、冷静な声でそう言って先に歩き始めた。

その後ろを追いかける。

幽霊なら、幽霊だったなら、気にせず彼女とモットスゴイコトをするべきであったのではないか！

後悔先に立たず。

その先半年勃《た》たず。

そんな経緯で結局彼女とは別れてしまったという。そして、それ以来彼には人生を通じて、一度も彼女ができなかったらしい。

「あの幽霊達の祟りなんだよ」

彼はいつも自嘲気味にそう言う。そう繰り返し語るのを、もう十年以上聞いている。

それにどう声を掛けていいものやら、これはなかなか難しいものなのである。

巡回

一時、中高一貫校の先生をしていたことがあるんですよと安斎さんは言った。

「その日は、校務とかが色々重なっちゃって、学校に日付が変わる頃まで残っていたんですよ。そうしたら他の先生がどんどん帰っちゃって」

結局彼女一人残されてしまったのだという。

その日の鍵当番も彼女だったので、まぁ別にいいかと思いながら各箇所の巡回を始めた。

体育館、食堂、理科室、技術室、家庭科室。その家庭科室に電気が点いていた。

——消し忘れかしら。

家庭科の担当は天野先生だ。五十代後半の大ベテランの女性教諭だが、普段厳しいあの先生でも、こんなミスをするものなのか。

そう思うと意外ではあったが親しみを感じた。

家庭科室のドアを開けて中に入ると、隣の準備室も電気が点いている。

ひょっとして、天野先生、まだ準備室にいらっしゃるのかしら。

準備室のドアを開けようとしたところ、鍵が閉まっている。

「天野先生、在室ですか」

そう、声を掛ける。中から若い男性の声で、「はい」と返答があった。

安斎さんは総毛立った。不審者が鍵を掛けて立て籠もっている以外にないからだ。警察を呼ばないと。そう思った直後、ドアの向こうから再び声がした。

「安斎先生ですよね。御無沙汰してます。高二の山葉です」

そう言われてみると確かに以前そんな苗字の子を担当したことがあるような気もする。

「話を聞いてくれますか」

ドアの向こうで思い詰めたような声で、山葉君が訴える。

「どうしたの?」

「あの。天野先生のことなんです」

そう言って、彼は天野先生にセクハラされており、関係を持つように強要されているのだと訴えた。

頭がくらくらした。

天野先生が生徒と関係を持つなんてあり得ないだろうという気持ちもある。一方で生徒の側がそんなことをわざわざ家庭科準備室に忍び込んで告白するだろうか。

山葉君は何度も同じ話を繰り返した。それを聞いているうち、いつの間にか時刻は四時を過ぎ、朝日が窓から射し込み始めた。

すると、ドアの向こうからは言葉が聞こえなくなった。

――寝ちゃったか。

ただ、この場を離れてはいけないようにも思った。どうしようかと思案した挙げ句、家庭科室で待機することに決めた。

午前七時を過ぎた頃に、天野先生が現れた。

「安斎先生おはようございます。随分お早いですね。どうかしたんですか？」

「あの、家庭科準備室に生徒がいて、立て籠もっているというか――」

どう答えていいかよく分からない。すると、天野先生が微笑んで言った。

「そんな訳ないじゃないですか。昨晩、あたしが鍵掛けて帰ったんだから」

天野先生が自前の鍵で準備室のドアを開けると、そこには山葉君の姿はなかった。窓も全て鍵が掛けられており、電気のスイッチも全て切られている。

では、自分が話をしていた相手は誰だったのか。

燦々《さんさん》と射し込む朝日の中で確認すると、家庭科室のスイッチも全てオフのままだ。

結局夢でも見たのではないかという話になったのだが、それ以降天野先生の顔をまともに見ることもできなくなり、暫くして安斎さんは退職することにしたのだという。

健全な店

〈はあああっ。ああ、ああああん〉

不意に聞こえた艶めかしい声に、沖田さんは眠りの底から引きずりあげられた。

今、沖田さんはマッサージ店の施術台で横になっている。

いや、マッサージ店と言っても「健全な」店である。そんな声が聞こえるはずがない。

気になった沖田さんは、声のするほうを盗み見た。仕切りも何もないが故に、隣の施術台が丸見えである。

――ランニングシャツにステテコ姿の中年男性が、氷上のアザラシよろしく横たわっていて、その傍らでは白衣を着た老女が男性の腕を掴んで揉み解している。

何処にも、エロ要素などなかった。

しかし今も確かに聞こえるのだ。快楽に悶える女の声が。

店内にはテレビもラジオもない。ＣＤプレイヤーからはヒーリング音楽が流れていて、他に声が入り込む余地などない。

ぐごごごご、ぶごごごごご。眠りが深くなったのか、男性がいびきを掻き始めた。
〈あぁっああああん。はあああああん〉
いびきに対抗するかのように、声が大きくなる。
時折、予約電話に応対する。沖田さんを担当しているマッサージ師と、会話を交わす。
しかし誰もこの声に気付いていないのが、沖田さんには不思議でならなかった。
〈んんん、ああん。はああああああん〉
声はもはや店中に響いていて、ＢＧＭすら聞こえない。
「はい、これで終わりですよ」
マッサージ師が背中をぱんぱんと叩くと、例の男が大あくびとともに起き上がった。
それと同時に、謎の喘《あえ》ぎ声も嘘のようにぴたりと止んだ。
ラブホテル街のど真ん中に立地する店だが、何故こんなことになったかは分からない。
沖田さん自身、何年も通っているが初めてのことだったという。
「何度も言いますけど、私が行っているのは『健全な』店ですからね」
そう念を押して、沖田さんは話を締めくくった。

3Pおことわり

「あれ、ここ、こんなに部屋暗かったっけ」

客が指定した部屋に入った瞬間、泉さんは思った。

この辺りでは割と人気のホテルであったから、何度も中には入ったことがある。けれども、他の部屋はどれももっと明るく、清潔感もあったはずだ。

照明パネルを操作して暗くしているのとは、どうも違う気がする。

空間自体に紗《うすぎぬ》が掛かったような、中で煙が焚《た》かれているような。そんな暗さである。

部屋が暗いせいか肌寒ささえ感じる。空気は澱んでいるから、空調は入っていまい。

けれども——。キャミソールから覗く腕を、泉さんは何度も何度も擦った。


ともあれ、仕事は仕事である。普段より熱めのシャワーを浴びて、ベッドへ向かう。

服を脱がせた客をベッドで仰向けにさせ、自分はそこへ跨がった。

九十分間一本勝負。せっせと動いているのだが、どうにも気が散って仕方がない。

ベッドにソファー、テレビをコンパクトにまとめた部屋のあちこちから、パシン、パシンと木の枝を折るような音がする。右目の視界の隅で、何かがちらちらと動いている。けれどもベッドの右脇は壁に接している。虫が飛んでいるという感じでもない。もっと大きな、何かの影がゆらゆらとしている、そんな気がしてならない。

そうは言っても、顔を横に向けて確認する訳にもいかない。

荒い息を吐きつつも客はこちらを見ている。カネを介在させていても、ベッドの上では恋人同士。店のコンセプトがある以上、おざなりな、義務的なプレイは御法度である。

しかし――どうにも気になって仕方がない。こうしているうちにも、過ぎる影が先ほどに比して大きくなっている気がしてならない。揺れる自分の髪のすぐ隣に、何か、いる。

泉さん自身も微かな声を出しながら、さも感じていますという体で首を振り、余勢を借りてちらりと右手を盗み見る。

自分のすぐ横にもう一人、裸の女の姿があった。

彼女の身体の左半分は壁にめり込んでいて、上半身――右腕と右乳――だけがベッドの上にはみ出していた。ベッドの辺りに腰があって、そこから下はすうっと消えている。肩の上には頭が載っているが、長い髪に隠れてその横顔を窺うことはできない。

身体の向こうは透けていて少し黄ばんだ壁紙が見えているというのに、立体投影されたホログラムのように肌の質感やさらりとした髪質まで手に取るように分かった。

ちらり、ちらりと横を見ながら、泉さんにはもう一つ気付いたことがあった。

彼女の身体が、徐々にこちら側へ出てこようとしている。

つんと上を向いた乳房が今や両方とも見えていて、俯きがちの顔も髪に隠れてこそいるものの、角度から考えて中身は自分のほうをきっと向いているに違いない。

このままでは彼女の全身が出てきてしまう。ベッドの上で顔を突き合わせてしまう。

そうなったら、正気でいることなど到底無理だと泉さんは思った。


「あの……大変申し訳ないんですけど。今日はここまでにしてもいいですか。勿論、お代は全額お返ししますし、部屋代も私が持ちますんで」

思い切って、切り出した。理由を問われたら何と答えよう。まさか、部屋に幽霊が出て気になって仕方がないので、とは言えまい。

――お、おう。分かった。何かさ、様子おかしかったもんね。もう、いいよ。

タバコ吸ってっから、と言うや、手早く服を着るとフロントに電話をして、一人さっさと出ていってしまった。ぽつんと取り残された、泉さん。

やはり見透かされていたか、と一瞬後悔が過ぎったが、そんなことよりも今は一秒でも早くここから立ち去ってしまいたかった。

――ただいま、御請求額の、問い合わせ中です。

部屋の入り口に設置された自動精算機が、部屋の雰囲気に似合わぬ明るい声で言う。

――メンバーズカードを、お持ちの方は、カード挿入口へ、入れて下さい。

何処からか、さらさらと衣擦《きぬず》れのような音がする。

フローリングの床を何かが動き回っている。寝室から、するすると近付く気配がする。

――お金を入れて下さい。クレジットカード精算は、ボタンを押して下さい。

震える手で紙幣を押し込む。入れた紙幣が戻ってくる。舌打ちをして、折れ曲がった角を伸ばして再度挿入する。視界の片隅、廊下の床に、何かが落ちている。

――またのお越しを、お待ちしております。気を付けて、お帰り下さい。

カチャン、とオートロックが開錠される。

ドアノブを力任せに下げて、全体重を預けて鉄の扉を押し開ける。

ゆっくりと閉まっていく扉の隙間から見えたのは。

床板から迫り出した、女の頭の上半分。

長い長い髪を木目の上に引きずって、さらりさらりと音立てて。

ぱたん。髪の隙間から覗く目が泉さんを捉える寸前で、扉は閉まった。

歯を食いしばれ

知り合いの女性から聞いた話。

ソファーでうたた寝をしていると、急に誰かに頬を張られた。何事かと飛び起きると、キッチンに母親がいて、料理の支度をしている。

頬はまだジンジンしている。

「お母さん、今ビンタした？」

そんなことはあり得ないよなぁと思いながらも、訊ねずにはいられない。

案の定、うちの娘は何を言ってるのかというような、不思議そうな表情で返された。

彼女は手を止めて、ソファーまでやってくると、娘の顔を覗き込んだ。

「両方の頬が真っ赤になってるけど、どうしたの？」

今起きたことを説明すると、お母さんは黙って何かを思い出そうとしているような、考え込んでいるような表情を見せた。しかし、結局思い出せなかったようだ。

「気を付けてね」

娘にそう声を掛けて、彼女はキッチンに戻っていった。

だが、その夜が酷かった。寝るたびに頬を張られ、強制的に起こされる。

もう怖くて怖くて目を閉じることもできない。

翌朝、娘の泣き腫らした目と頬の青痣を見て、お母さんは逆上した。

「貴様ぁ！　うちの娘に何しやがるかッ！　歯ぁ食いしばれぇ！」

彼女はそう怒鳴り、何もない空中に、凄まじい速度で平手を打ち付けた。

ばちんという何かを叩く大きな音に続いて、空中を母親の手が何度も往復する。

ばちんばちんと何かを繰り返し叩いている音が部屋に響く。

——え、今何が起きてるの？

今までに見たことのないような鬼神の如き表情の母親が、見えない誰かを往復ビンタし続けている。

え、何これ。怖っ！

それが素直な感想だった。

その後、ずっと秘密にしていたが、お母さんは霊を殴れる人なのだと打ち明けられた。

普段はおっとりしているが、実は武闘派だということを知って、今は家族の誰もお母さんに逆らうことはできないという。

あとがき　千の道を越えてまた一歩から

今巻から高野君が本格参戦です。変化球投げ放題の曲者として今後が楽しみです。

さて、折に触れて書いていますが、百物語形式の実話怪談本はネタをかき集めて書くのも大変なら、編集するのも大変です。何しろ、話数は百話と決められており、文庫本なので頁数も決まっている。その条件の中に、ぴったり収まるように調整していかねばなりません。「あと残り二話、しかし残りは六頁」「二頁と四頁か、三頁を二本か」みたいな微調整が必要なとき、ちょうどその長さがあって、尚且つ百物語に収めるに足るものが都合良くぴったり揃うのかというと……まあ大体揃わないんですよね。なので、多めに書いておいたり、最後のギリギリまで書かずに温存しておいたネタを、うまくピースが収まるような長さに書き起こしたり、といった職人技が求められる訳です。我々の携わる百式に限らず、よそでも百物語を掲げる本に出会うことがあったら、「百話集めることだけでなく、百話ぴったり収めることがとにかく大変な本なのだ」ということを噛みしめてお楽しみ頂ければ、世の百物語著者・編者の方々の苦労も浮かばれるってもんです。

加藤　一

後書きめいた御挨拶

いつもお世話になっておりますの方も、初めましての方も、こんにちは。

今年から百式メンバーに加えていただきました高野《コウヤ》真《マコト》でございます。

まずは、取材に御協力いただいた方々に厚い御礼を。特に今作に掲載された話は、私の行きつけとする店々で取材したものが中心となっています。早く疫病禍以前の経済を取り戻せるよう願ってやみません。またお伺いしますので、その日まで。

編著監修の加藤先生、共著の神沼先生、ねこや堂先生にも御礼を。目指せ三十話だったのですが届かなくてすみません。次こそは。そして何よりも、本書を手に取って下さった方々。皆様のおかげをもちまして来年以降に繋がります。本当にありがとうございます。

ところで、来年も筆者として百式に参加するためには、取材をせねばなりません。皆様が体験された怖い話、不思議な話をお聞かせ下さい。遠い記憶、話の断片でも結構です。表紙カバーの袖にＳＮＳのアカウントを記しておりますので、ＤＭをお送り下さいませ。

それでは、またお目にかかるその日まで。皆様ごきげんよろしゅう。

高野真

たぶん後書き

去年「インターホンの怪異」について、ツイッターで語ったことがある。

煙鳥さんのツイートに乗っかった形だったけれども、ツイートしている途中であるエピソードを綴った分だけが追加ツイートできなかった。

というか、投稿したはずのツイート三つ分丸ごと消えていた。

それから約三時間格闘して、漸くツイートできた訳だが、件の内容を投稿するたびに「このツイートは存在しません」と表示されるのは普通に怖かった。それはさておき。

今年は例年にない程忙しい日々を過ごしている。という一言で後書きを終えてしまおうかと思ったくらいには忙しい。

今年は数を出せないことを予め神沼先生に知らせたところ、「任せろ！」と力強い言葉を頂いた。まあ、私の弾数が少ないのはいつものことだけども。

そこはきっと期待の新人である高野君が頑張ってくれるはず（丸投げともいう）。

その分九月単著で頑張るから、許して頂きたい所存。ではでは近況にて。

ねこや堂

ここからどこに向かうべきか

今年は関東で例年よりも二週間も早く梅雨が明け、全国もおおよそそれに続いた。夏至近辺の最も厳しい日差しが地上に降り注ぎ、体温を超える気温が記録されている。マスクをしたまま彷徨う人々の姿は、まるで熱中症我慢比べ大会のようだ。

十年で一巡した恐怖箱・百物語シリーズ。本書は新たなる出発地点となる。高田公太さんが卒業し、高野 真さんが加入された。新風の実力十分である。きっと今後百式を牽引してくれるに違いない。自分は相変わらずだが、辛うじて皆様のおかげで何とか頑張れている点については、幾ら感謝してもし足りない。みんなありがとうね。

いつも通りではあるが、謝意を伝えたい。体験談を預けて下さった体験者様、取材に御協力下さいました皆様、編著監修の加藤さん、共著者の高野さんとねこや堂さん、心配しながら見守ってくれる家族、そして本書をお手にされた読者の皆様に最大級の感謝を。

皆様、体調など崩されないように御自愛下さい。

それではお互い無事でしたら、きっとまたどこかで。

二〇二二年　文月朔日

神沼三平太

本書の実話怪談記事は、恐怖箱 呪禁百物語のために新たに取材されたものなどを中心に構成されています。快く取材に応じていただいた方々、体験談を提供していただいた方々に感謝の意を述べるとともに、本書の作成に関わられた関係者各位の無事をお祈り申し上げます。

あなたの体験談をお待ちしています
http://www.chokowa.com/cgi/toukou/

恐怖箱公式サイト
http://www.kyofubako.com/

恐怖箱 呪禁百物語

2022年8月5日　初版第一刷発行

編著……加藤 一
共著……神沼三平太／ねこや堂／高野 真
カバーデザイン……橋元浩明（sowhat.Inc）

発行人……後藤明信
発行所……株式会社　竹書房
〒102-0075　東京都千代田区三番町8-1　三番町東急ビル6F
email: info@takeshobo.co.jp
http://www.takeshobo.co.jp
印刷・製本……中央精版印刷株式会社
